Gilda Flaccavento • Nunzio Romano

progetto scienze
per la scuola secondaria
di primo grado

scienze per immagini

Astronomia
e Scienze
della Terra

b

Coordinamento editoriale: Isabella Randone
Coordinamento redazionale: Elisa Brunelli
Progetto grafico: CL'EM, Milano
Redazione: Valentina Amerio
Ricerca iconografica: Imagoteca di Luciana De Riccardis
Elaborazione digitale testo e immagini e impaginazione: Studio Mizar, Bergamo
Disegni: Bluedit, Graffito, Studio Giancarlo Pennati, Filippo Pietrobon, Andrea Bianchi/Agenzia MIA

Referenze iconografiche: Ardea-Flpa-Minden-Science Source-Visual: unlimited/The Lighthouse-Science Photo Library/Tips Images.

L'Editore si scusa per eventuali omissioni o errori di attribuzione e dichiara la propria disponibilità a regolarizzare.

La realizzazione di un libro presenta aspetti complessi e richiede particolare attenzione nei controlli: per questo è molto difficile evitare completamente inesattezze e imprecisioni. L'Editore ringrazia sin da ora chi vorrà segnalarle alle redazioni.

Per segnalazioni o suggerimenti relativi al presente volume scrivere a:
Direzione Editoriale RCS Libri S.p.A. - Divisione Education – Via Rizzoli, 8 - 20132 Milano fax 0225842613

Le fotocopie per uso personale del lettore possono essere effettuate nei limiti del 15% di ciascun volume/fascicolo di periodico dietro pagamento alla SIAE del compenso previsto dall'art.68, commi 4 e 5, della legge 22 aprile 1941 n.633.

Le riproduzioni effettuate per finalità di carattere professionale, economico o commerciale o comunque per uso diverso da quello personale possono essere effettuate a seguito di specifica autorizzazione rilasciata da CLEARedi, Corso di Porta Romana n. 108, Milano 20122, e-mail: autorizzazioni@clearedi.org

Proprietà letteraria riservata
www.rcseducation.it

ISBN 978-88-915-0347-3

© 2014 RCS Libri S.p.A., Milano
Prima edizione: febbraio 2014

Ristampe
  2015   2016   2017   4   5   6   7   8

Stampato presso L.E.G.O. S.p.A. Lavis (TN)

Presentazione del corso

In queste pagine si trovano indicazioni utili per organizzare lo studio al meglio, attraverso gli strumenti che *Scienze per immagini* mette a disposizione: il libro di testo cartaceo e i contenuti digitali.
Il testo inquadra i diversi argomenti scientifici mediante un ricco e dettagliato apparato didattico. Numerosi esempi e immagini aiutano a focalizzare le informazioni più importanti e a riconoscere le relazioni di causa-effetto proprie dei principali fenomeni scientifici, nonché ad apprendere un linguaggio tecnico e scientifico adeguato.

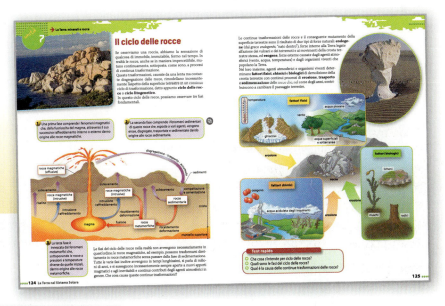

L'impiego di immagini di ampio respiro, accattivanti e spiegate in maniera esaustiva, accompagnano gli studenti alla scoperta delle scienze in tutte le sue forme e manifestazioni. Testo e illustrazioni si fondono in un unico corpo facilitando la comprensione e la memorizzazione dei concetti chiave. Si può così esplorare, anche visivamente, il mondo della fisica, della chimica, della geologia e delle scienze biologiche.

Approfondimenti, focus ed esperimenti completano ogni singola unità stimolando l'interesse e la curiosità verso le scienze e le loro applicazioni.
Ogni unità, inoltre, si conclude con una proposta di simulazione dell'interrogazione con domande e risposte.
Infine, esercizi specifici permettono allo studente di memorizzare i concetti e sviluppare contemporaneamente gli strumenti idonei al percorso dell'apprendimento.

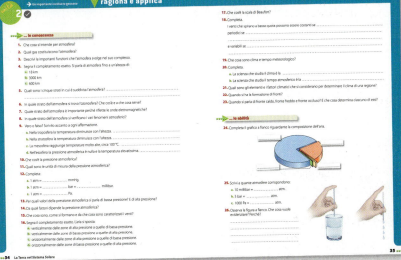

III

Presentazione del corso

I contenuti digitali di *Scienze per immagini*

Il corso è completato da una grande varietà di approfondimenti reperibili nei materiali digitali che lo accompagnano. Tutti i contenuti digitali e i servizi per la didattica di *Scienze per immagini* sono reperibili in My**Studio**, l'ambiente virtuale e collaborativo che risiede su www.rcseducation.it.
In particolare in My**Studio** si possono trovare l'Open**Book** e l'Extra**Kit** di *Scienze per immagini*.

L'Open**Book** è il libro di testo digitale, interattivo e multimediale, fruibile su computer e tablet, arricchito di strumenti e contenuti digitali che non si trovano nel tradizionale libro di carta. Nelle pagine dell'Open**Book** di *Scienze per immagini* i contenuti digitali integrativi sono attivati toccando o cliccando le icone.

 Video: da questa icona si accede a vari tipi di video: interviste a scienziati, filmati di approfondimento…

 Contenuto multimediale aggiuntivo: da questa icona si accede a vari contenuti integrativi: fotogallery, testi di approfondimento, esperimenti e schemi animati…

 Digitest: da questa icona si accede alla verifica interattiva autocorrettiva.

 Link interno: da questa icona si possono raggiungere le pagine dei Laboratori attinenti all'argomento del testo.

 Zoom: da questa icona è possibile accedere all'ingrandimento di una immagine.

 Accorpamento risorse: da questa icona si accede a più contenuti multimediali, raggiungibili da un piccolo sommario.

Nell'Open**Book** è inoltre possibile sottolineare ed evidenziare parti di testo, inserire note o registrazioni vocali, lavorare sulle pagine in autonomia o condividere con gli altri i risultati di quello che si fa.
Il testo può essere visualizzato in formato adattabile ai vari supporti, con la possibilità di variare la grandezza e il tipo di carattere; è fruibile anche in un carattere ad alta leggibilità o con l'ausilio di un sintetizzatore vocale che aiutano nella lettura gli allievi dislessici.

L'insieme dei contenuti digitali integrativi di *Scienze per immagini* è raccolto anche nell'Extra**Kit** disponibile in My**Studio**. Periodicamente nell'Extra**Kit** saranno inoltre reperibili eventuali aggiornamenti.

Inoltre in My**Studio** studenti e docenti possono cercare, scegliere e aggregare contenuti, costruire percorsi, condividere materiali e attività, confrontarsi nei blog, e fare insieme molto altro ancora.

IV

Indice

unità 1 — La Terra, il pianeta blu — 1
La Terra — 2
L'idrosfera — 5
Il ciclo dell'acqua — 8
    Precipitazioni atmosferiche — 10
    Nebbia, rugiada e brina — 11

Fissa i concetti chiave — 12

Ragiona e applica — 13

unità 2 — Un importante involucro gassoso — 15
L'atmosfera — 16
Gli strati dell'atmosfera — 18
La pressione atmosferica — 20
    La misura della pressione atmosferica — 21
I fattori che influenzano la pressione — 23
    I venti — 24
    La classificazione dei venti — 25
Climatologia e meteorologia — 27
    Climatologia — 27
    Meteorologia — 29
L'inquinamento delle acque e dell'atmosfera — 31
    Gli idrocarburi riversati nei mari — 31
    L'aria inquinata — 32

Fissa i concetti chiave — 33

Ragiona e applica — 34

Materiali digitali

MyStudio
- Fotogallery
- Area di zoom
- Approfondimenti
  Le acque marine • L'acqua per l'uomo • Le acque continentali • Vari tipi di laghi • Il ciclo dell'acqua • Una risorsa da salvaguardare
- Video
  L'idrosfera e il clima
- Osservazioni ed esperimenti
- Verifica interattiva

MyStudio
- Fotogallery
- Area di zoom
- Approfondimenti
  L'ozonosfera • Il buco dell'ozono • La scoperta della pressione atmosferica • Il nostro clima • Cicloni e uragani • Una cortina di smog • L'inquinamento delle acque • L'inquinamento dell'aria
- Laboratorio competenze
  Leggero come l'aria?
- Video
  Scienziati si diventa. Intervista a Renato R. Colucci.
- Osservazioni ed esperimenti
- Verifica interattiva

V

Indice

unità 3 — La litosfera e il suolo ... 37

Il suolo e la sua origine ... 38
    Origine del suolo ... 38
    Organismi vegetali e animali ... 40

Composizione e caratteristiche del suolo ... 41
    Caratteristiche del suolo ... 42
    Tipi di suolo ... 45

Il profilo di un suolo naturale ... 46

Il suolo agrario ... 48
    Tecniche agronomiche ... 48

Inquinamento del suolo ... 51

Ambiente: il problema rifiuti ... 52

Fissa i concetti chiave ... 54
Ragiona e applica ... 55

Materiali digitali

 MyStudio
- Fotogallery
- Area di zoom
- Approfondimenti
  Salvaguardiamo il suolo
- Video
  La permeabilità del suolo
- Laboratorio competenze
  Stratigrafia. Paese che vai… suolo che trovi
- Osservazioni ed esperimenti
- Verifica interattiva

unità 4 — Dalle stelle all'universo ... 59

Stelle e galassie ... 60
    Le stelle ... 61
    Una stella nasce e… muore ... 62

L'Universo: origine e futuro ... 64

La Via Lattea ... 68

Fissa i concetti chiave ... 70
Ragiona e applica ... 71

 MyStudio
- Fotogallery
- Approfondimenti
  Distanze astronomiche • L'astronomia: un'antica scienza • Le costellazioni
- Video
  Scienziati si diventa. Intervista a Giulia Migliori. Lo spazio da scoprire • Scienziati si diventa. Intervista a Marco Regis. Segnali dal cosmo
- Laboratorio competenze
  Costruzione di un planetario. Una torcia… planetaria!
- Osservazioni ed esperimenti
- Verifica interattiva

unità 5 — Il sistema solare ... 73

Il Sole e l'origine del Sistema Solare ... 74
    L'origine del Sistema Solare ... 76

Il Sistema Solare: i pianeti ... 77
    Le leggi di Keplero ... 78

Gli altri corpi del Sistema Solare ... 80

Fissa i concetti chiave ... 83
Ragiona e applica ... 84

 MyStudio
- Fotogallery
- Area di zoom
- Approfondimenti
  Altre ipotesi sul sistema solare • I pianeti del sistema solare
- Video
  Asteroidi e comete
- Laboratorio competenze
  Sistema solare. L'astronomia delle stagioni
- Verifica interattiva

Indice

unità 6 — La Terra: il nostro pianeta — 87
Sulla Terra: paralleli e meridiani — 88
   Le coordinate geografiche — 89
Il moto di rotazione della Terra — 90
Il moto di rivoluzione della Terra — 92
Il nostro satellite: la Luna — 95
   L'origine della Luna — 96
I movimenti, le fasi lunari e le maree — 97
   Le fasi lunari — 98
   Le maree — 99
Eclissi di Sole e di Luna — 100
I fusi orari — 102

Fissa i concetti chiave — 103
Ragiona e applica — 105

Materiali digitali

MyStudio
- Fotogallery
- Area di zoom
- Approfondimenti
  Le coordinate geografiche in pratica • La terra è piatta o sferica? • Il moto di rotazione della Terra • Il sole a mezzanotte
- Osservazioni ed esperimenti
- Verifica interattiva

unità 7 — La Terra: minerali e rocce — 111
La struttura interna della Terra — 112
   Il calore della Terra — 114
I minerali: struttura e proprietà — 115
   Proprietà fisiche dei minerali — 116
Origine e classificazione delle rocce — 120
   Le rocce magmatiche — 121
   Le rocce sedimentarie — 122
   Le rocce metamorfiche — 123
Il ciclo delle rocce — 124

Fissa i concetti chiave — 126
Ragiona e applica — 128

MyStudio
- Area di zoom
- Approfondimenti
  Dettaglio della struttura interna della terra • Come si formano i minerali? • La scoperta del reticolo cristallino • Particolari rocce sedimentarie • Uno sviluppo sostenibile
- Video
  Le rocce
- Laboratorio competenze
  Strutture cristalline. Noci cristalline
- Osservazioni ed esperimenti
- Verifica interattiva

VII

Indice

unità 8 — Origine ed evoluzione della Terra — 131
Come si è formata la Terra? — 132
    La deriva dei continenti — 133
La tettonica a placche — 136
Fissa i concetti chiave — 142
Ragiona e applica — 143

unità 9 — Vulcani e terremoti — 145
Vulcani ed eruzioni vulcaniche — 146
Eruzione vulcanica — 148
Tipi di vulcani — 149
Vulcanesimo secondario — 153
Fenomeni sismici — 155
    Le onde sismiche — 156
Come si valuta un terremoto? — 158
Sicurezza: che cosa fare se la terra trema? — 160
Fissa i concetti chiave — 163
Ragiona e applica — 165

Materiali digitali

MyStudio
- **Fotogallery**
- **Area di zoom**
- **Approfondimenti**
  Da Wegener alla tettonica a placche • Datazione e fossili • La mappa delle placche tettoniche • L'espansione dei fondali oceanici • L'orogenesi
- **Laboratorio competenze**
  Fossili. Un fossile moderno
- **Osservazioni ed esperimenti**
- **Verifica interattiva**

MyStudio
- **Fotogallery**
- **Area di zoom**
- **Approfondimenti**
  I vulcani italiani • Un'eruzione devastante • Il bradisismo • Tsunami, le onde più alte in assoluto
- **Video**
  Tipi di vulcano • Scienziati si diventa. Intervista a Claudia D'Oriano: Dentro il vulcano
- **Osservazioni ed esperimenti**
- **Laboratorio competenze**
  Terremoti. Sabbia scossa
- **Verifica interattiva**

Unità 1

LA TERRA, IL PIANETA BLU

Perché ne parliamo?

Ma come è fatta la Terra?
Sicuramente ci piacerebbe vederla per avere la stupenda visione che, al momento, possono avere solo gli astronauti che nel loro ruotare attorno a essa godono di una meravigliosa vista.
E qualora riuscissimo a vederla, certamente ci chiederemmo se quell'immensa distesa di acqua che la ricopre e che costituisce la maggior parte della sua superficie è sempre la stessa o magari, lentamente, finirà per esaurirsi.
Qualcuno, ricordando qualche esperienza al mare, potrà anche chiedersi perché questa superficie blu a volte è calma, uno specchio d'acqua, a volte è agitata da far paura e a volte diventa anche pericolosa.
A queste e a tante altre domande potremo dare una risposta "mettendo piede" sul nostro pianeta: sarà un viaggio affascinante.

Contenuti
- La Terra
- L'idrosfera
- Il ciclo dell'acqua

Prerequisiti
- Conoscere gli stati di aggregazione della materia
- Conoscere i cambiamenti di stato

Obiettivi
- Individuare le varie parti che formano la Terra
- Riconoscere caratteristiche e proprietà dell'idrosfera

La Terra

Stiamo per "mettere piede" sul nostro pianeta, la **Terra**, l'ambiente nel quale viviamo insieme a tutti gli altri esseri viventi, piante e animali.

Iniziamo la scoperta di questo straordinario ambiente guardandolo dallo spazio, proprio come se fossimo degli astronauti che vi ruotano attorno.

Da tanto lontano, il nostro pianeta ci apparirà innanzi tutto come una sfera di colore blu, per l'immensa distesa d'**acqua** che formano gli oceani, i mari, i laghi e i fiumi.

In questa distesa d'acqua vedremo emergere la **terra**, la parte solida e rocciosa che forma i vari continenti in cui viviamo.

Scorgeremo infine un sottile strato trasparente, l'**aria**, un involucro gassoso che avvolge la Terra.

Avremo così scoperto i componenti del nostro pianeta, **acqua**, **aria** e **terra**, che, con le loro caratteristiche e le continue interazioni, costituiscono gli elementi indispensabili per la vita, il meraviglioso fenomeno che rende particolare e speciale il nostro pianeta.

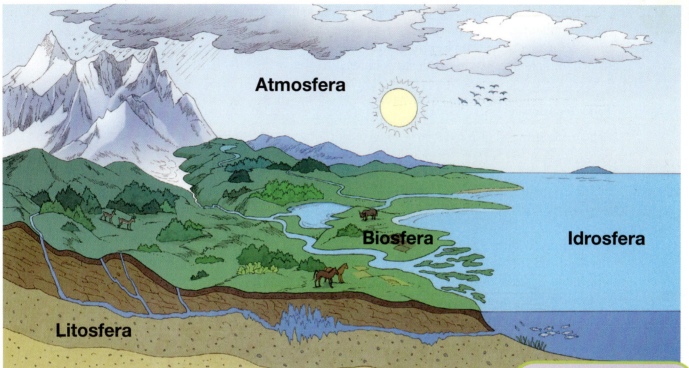

Andiamo alla scoperta del nostro pianeta, ricordandone prima alcune caratteristiche.

- Secondo la **teoria geocentrica** la Terra, fino al Cinquecento, era ritenuta il centro dell'Universo. È grazie all'astronomo polacco Niccolò Copernico (1473-1543), e successivamente ai grandi studiosi Keplero, Newton e Galilei, che si afferma la **teoria eliocentrica**, secondo la quale, lo studieremo bene più avanti, è la Terra che, come tutti gli altri pianeti, ruota attorno al Sole e su se stessa.
- La Terra, che vista dallo spazio ci appare di forma quasi sferica, in realtà ha la forma di un **ellissoide**, essendo leggermente schiacciata ai **poli** e rigonfia in corrispondenza dell'equatore, il circolo immaginario che la divide in due emisferi uguali: l'**emisfero boreale** e l'**emisfero australe**.

Acqua, **aria** e **terra** costituiscono le tre parti fisiche della Terra e formano rispettivamente l'**idrosfera**, l'**atmosfera** e la **litosfera**, che, accogliendo e custodendo la vita, nel loro complesso formano la **biosfera**, lo speciale ambiente popolato dalle più diverse forme di esseri viventi.

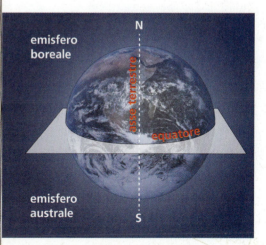

Sistema geocentrico disegnato nel 1708.

unità 1

La Terra, il pianeta blu

Questo ellissoide, per le irregolarità della superficie terrestre (montagne e avvallamenti) assume una forma particolare che dà alla Terra una sua forma propria che è detta **geoide**.
Riportiamo alcune misure di questo geoide:

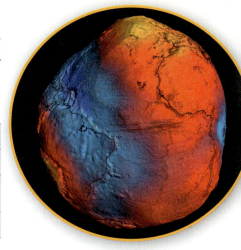

Raggio equatoriale	6378 km	Superficie	$5,101 \cdot 10^8$ km²
Raggio polare	6358 km	Volume	$1,083 \cdot 10^{12}$ km³
Circonferenza equatoriale	40 076 km	Densità media	5,5 g/cm³
Massa	$5,98 \cdot 10^{24}$ kg	Gravità	9,81 m/s²

- Se in aperta campagna osserviamo la distesa della Terra, vediamo una linea immaginaria, dove terra e cielo sembrano congiungersi; questa linea è l'**orizzonte**. Sulla linea dell'orizzonte, considerando le varie posizioni che il Sole occupa durante la giornata sulla volta celeste, si possono stabilire quattro punti di riferimento, i **punti cardinali**, determinati dal moto apparente del Sole sulla volta celeste:
  - l'**Est** o **oriente**, il punto in cui sorge il Sole;
  - l'**Ovest** o **occidente**, il punto opposto all'Est in cui tramonta il Sole;
  - il **Sud** o **mezzogiorno**, il punto in cui, avendo l'Est alla nostra sinistra, il Sole raggiunge il punto più alto nel cielo;
  - il **Nord** o **tramontana**, il punto opposto al Sud.

Test rapido

- Quali sono i costituenti fisici della Terra?
- Qual è la forma della Terra?
- Che cos'è l'orizzonte?
- Che cosa sono e quali sono i punti cardinali?

Astronomia e Scienze della Terra

L'idrosfera ➕

Idrosfera, **atmosfera** e **litosfera** costituiscono i tre elementi essenziali del pianeta Terra; essi, con la **biosfera**, formano il "**sistema Terra**", un insieme di componenti non viventi (acqua, aria e suolo) e di organismi viventi. Esaminiamo le caratteristiche dell'**idrosfera**.

> L'**idrosfera** è costituita dal complesso di tutte le acque presenti nel nostro pianeta sia allo stato liquido, sia allo stato solido, sia allo stato aeriforme.

È allo **stato liquido** nei mari, nei laghi, nei fiumi e nelle acque sotterranee; allo **stato solido** nei ghiacciai, negli iceberg e nelle calotte polari; allo **stato aeriforme** nel vapore acqueo dell'atmosfera.

L'acqua rappresenta il 71% della superficie terrestre.

terre emerse 29% — acqua 71%

acqua allo stato solido 2%
acqua allo stato liquido 98%

Di questo 71%, il 98% è allo stato liquido, mentre il restante 2% è allo stato solido e costituisce le calotte polari e i ghiacciai continentali.

acqua dolce 3% — acqua salata 97%

Il 97% dell'acqua allo stato liquido è salata (mari e oceani) e solo il 3% è dolce (ghiacciai, fiumi, laghi e acque sotterranee).

unità 1 — La Terra, il pianeta blu

FOCUS SU...

I **mari** e gli **oceani** rappresentano la maggior parte delle acque presenti sulla Terra e sono caratterizzati dalla **salinità** delle loro acque, che è in media del 35‰ (35 g di sale in 1 litro di acqua).

Mari e oceani.

Le **acque dolci** possono essere **correnti** (fiumi, torrenti e ruscelli) o **stagnanti** (laghi, paludi e stagni) e sono dette anche **acque superficiali**.

Lago.

Ghiacciai.

Falde acquifere.

I **ghiacciai** sono quelle immense masse di acqua allo stato solido che rimangono in tale stato per tempi molto lunghi. Si formano dove le precipitazioni sono nevose e la neve che si accumula supera quella che si scioglie per effetto del calore solare; ciò avviene al di sopra di una certa altezza che si chiama **limite delle nevi perenni**.

Le **acque sotterranee** sono quelle che si originano dalle acque meteoriche (pioggia, neve e grandine) che cadono sulla superficie terrestre, si infiltrano nel terreno e danno origine alle **falde acquifere sotterranee**. Sono quelle a cui l'uomo attinge la maggior parte dell'acqua dolce di cui necessita.

Astronomia e Scienze della Terra

L'idrosfera, essenziale per la vita di tutti gli esseri viventi, rappresenta per l'uomo anche una **notevole riserva di cibo** (sfruttata grazie alla pesca) e un'**importante via di comunicazione**.
L'idrosfera inoltre svolge una **funzione termoregolatrice**, di fondamentale importanza per la superficie terrestre.

Le caratteristiche chimico-fisiche dell'acqua permettono ai mari e ai laghi di assorbire una grande quantità di calore dal Sole e, poiché i mari e i laghi si riscaldano e si raffreddano più lentamente della terra, durante l'inverno e di notte essi restituiscono il calore all'aria, mitigando le temperature. Nelle località costiere, infatti, il clima è più mite, cioè gli inverni e le notti sono più caldi, rispetto all'entroterra, perché il mare cede il calore accumulato durante l'estate e il giorno.

Idrosfera e clima

non solo TEORIA

Procurati due contenitori uguali, in uno metti dell'acqua a temperatura ambiente e nell'altro un uguale volume di sabbia sempre a temperatura ambiente.

- Metti i due contenitori uno accanto all'altro, punta su di loro una lampada accesa e dopo 10 minuti misura la temperatura dell'acqua e della sabbia. Che cosa osservi?

- Adesso spegni la lampada, aspetta 5 minuti e misura di nuovo la temperatura dell'acqua e della sabbia. Che cosa osservi?

La temperatura della sabbia è maggiore di quella dell'acqua.

La temperatura dell'acqua è maggiore di quella della sabbia.

Abbiamo verificato che la **sabbia si riscalda e si raffredda più velocemente dell'acqua**; quest'ultima quindi riscaldandosi e raffreddandosi più lentamente svolge una **funzione termoregolatrice**.

Test rapido

- Che cos'è l'idrosfera?
- Qual è la composizione dell'idrosfera?
- Che cosa rappresenta per l'uomo l'idrosfera?

unità 1 Il ciclo dell'acqua

Tutta l'acqua presente sulla Terra si mantiene invariata nel tempo grazie al **ciclo dell'acqua**, un continuo processo di cambiamenti di stato messo in azione dall'energia solare e che consente il continuo "riciclo" dell'acqua.

3 precipitazioni
Sospese nell'aria, le nuvole, quando diventano dense e pesanti, rilasciano il loro contenuto d'acqua sotto forma di **precipitazioni atmosferiche**, cioè pioggia, neve e grandine.

2 condensazione
Il vapore acqueo, trasportato dalle correnti d'aria, sale e, incontrando temperature più fredde, **condensa**, formando minuscole goccioline d'acqua che, ingrossandosi e aggregandosi, formano le **nuvole**.

1 evaporazione
L'acqua presente sulla superficie terrestre (mari, fiumi e laghi), per azione del calore del Sole, in buona parte **evapora**, formando una grande quantità di **vapore acqueo** che ritroviamo nell'aria.

L'acqua è così ritornata al punto di partenza ed è pronta a ricominciare senza interruzione un altro ciclo, creando così quel flusso continuo d'acqua tra cielo e terra che è indispensabile alla vita.

Le nuvole

Nel ciclo dell'acqua, un ruolo importante è svolto dal vapore acqueo che, salendo, incontra temperature più fredde, condensa e forma le **nuvole**. Secondo l'altezza a cui si formano e l'aspetto, si distinguono vari tipi di nuvole. Si considerano **nuvole alte** quelle che superano i 6000 m di altezza, **medie** quelle che sono fra i 6000 e i 2000 m, **basse** quelle sotto i 2000 m di altezza. In base alla forma si dicono **stratiformi** se sono stratificate e allungate a coprire ampie zone di cielo, **cumuliformi** se sono tondeggianti e spesse.

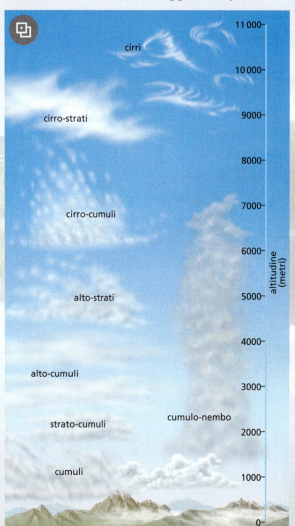

4 acque sotterranee

L'acqua che ricade sulla Terra in parte **ritorna nei mari, nei fiumi e nei laghi** e in parte **viene assorbita dal terreno**. Una parte di quest'acqua assorbita va nel sottosuolo ad alimentare le **acque sotterranee**: falde acquifere e anche fiumi e laghi sotterranei.

→ La Terra, il pianeta blu

Le precipitazioni atmosferiche

Le dimensioni microscopiche delle goccioline d'acqua che formano le nuvole permettono a queste di galleggiare nell'aria e di spostarsi con il vento fino a quando diventano dense e pesanti e ricadono sotto forma di **precipitazioni atmosferiche**: pioggia, neve e grandine.

- Si ha la **pioggia** quando la temperatura al suolo o nell'aria è al di sopra di 0 °C (il punto di congelamento dell'acqua) e quindi le gocce d'acqua ricadono allo stato liquido.
- Se la temperatura vicino al suolo è al di sotto di 0 °C, le goccioline d'acqua cadendo solidificano e ricadono formando i caratteristici fiocchi di **neve**.
- Se le gocce prima di cadere vengono risospinte in alto, congelano e si accrescono via via di nuove gocce che salendo solidificano a loro volta e precipitano poi a terra sotto forma di chicchi di ghiaccio si crea la **grandine**.

10 Astronomia e Scienze della Terra

Nebbia, rugiada e brina

Il vapore acqueo, come abbiamo detto, salendo incontra temperature più fredde, condensa e forma le nuvole.
Se però la condensazione avviene a livello del suolo, si hanno la **nebbia**, la **rugiada** o la **brina** che vengono dette **precipitazioni occulte**.

- La **nebbia** è il fenomeno meteorologico per cui la condensazione del vapore acqueo presente nell'aria avviene in prossimità del suolo poiché la massa di aria umida si raffredda dal basso avvicinandosi al suolo che è più freddo dell'aria soprastante. Tale condensazione avviene in minuscole goccioline di acqua che modificano le proprietà ottiche dell'aria riducendo la visibilità. In base alla riduzione di visibilità, la nebbia viene distinta in:
  - **caligine**, per visibilità superiore ai 10 km;
  - **foschia**, per visibilità compresa fra 1 e 10 km;
  - **nebbia spessa**, per visibilità fino a 200 m;
  - **nebbia fitta**, per visibilità compresa fra 30 e 50 m;
  - **nebbia densa**, per visibilità inferiore ai 30 m.

- La **rugiada** è una precipitazione che compare sul suolo e sulla vegetazione ed è formata da goccioline di acqua dovute alla condensazione del vapore acqueo venuto a contatto con superfici fredde, ma non eccessivamente. Essa si forma o nei luoghi con forte escursione termica, di solito nei deserti, o nella stagione calda su superfici quali l'erba, le foglie o i fiori che risentono meno del riscaldamento del suolo che si raffredda più dell'aria circostante.
- La **brina** si forma nelle notti invernali quando, per la forte diminuzione della temperatura, il vapore acqueo passa direttamente allo stato solido (brinamento) formando piccoli cristalli di ghiaccio che si depositano sul suolo o su superfici con temperature sotto lo zero.

Test rapido

- Descrivi il ciclo dell'acqua.
- Come si formano le nuvole?
- Quali sono e come si verificano le precipitazioni atmosferiche?
- Che cosa sono nebbia, rugiada e brina?

→ La Terra, il pianeta blu

unità 1

fissa i concetti chiave

Quali sono i costituenti fisici della Terra?

- I costituenti fisici della Terra sono **acqua**, **aria** e **terra**, che formano rispettivamente l'**idrosfera**, l'**atmosfera** e la **litosfera**. Idrosfera, atmosfera e litosfera, nel loro complesso, formano la **biosfera**, lo speciale ambiente popolato dalle più diverse forme di esseri viventi.

Qual è la forma della Terra?

- La Terra ha la forma di un **ellissoide**, leggermente schiacciata ai **poli** e rigonfia in corrispondenza dell'**equatore**, il circolo immaginario che la divide in due emisferi uguali: l'**emisfero boreale** e l'**emisfero australe**. Questo ellissoide, per le irregolarità della superficie terrestre (montagne e avvallamenti), assume una forma particolare che è detta **geoide**.

Che cosa sono e quali sono i punti cardinali?

- Sull'orizzonte, la linea immaginaria dove terra e cielo sembrano congiungersi, in base alle varie posizioni che il Sole occupa durante la giornata sulla volta celeste, si possono stabilire quattro punti di riferimento, i **punti cardinali**:
  > l'**Est** o **oriente**, il punto in cui sorge il Sole;
  > l'**Ovest** o **occidente**, il punto opposto all'Est in cui tramonta il Sole;
  > il **Sud** o **mezzogiorno**, il punto in cui, avendo l'Est alla nostra sinistra, il Sole raggiunge il punto più alto nel cielo;
  > il **Nord** o **tramontana**, il punto opposto al Sud.

Che cos'è l'idrosfera?

- L'**idrosfera** è il complesso di tutte le acque presenti nel nostro pianeta sia allo stato liquido, sia allo stato solido, sia allo stato aeriforme.

Quali funzioni svolge l'idrosfera?

- L'idrosfera, essenziale per la vita di tutti gli esseri viventi, rappresenta per l'uomo anche una **notevole riserva di cibo** (sfruttata grazie alla pesca) e un'**importante via di comunicazione**; inoltre svolge una **funzione termoregolatrice**.

In che cosa consiste il ciclo dell'acqua?

- Il **ciclo dell'acqua** consiste in un continuo processo di cambiamenti di stato messo in azione dall'energia solare e che consente il continuo "riciclo" dell'acqua.
Esso consta di quattro fasi:
1. L'acqua presente sulla superficie terrestre, per azione del calore del Sole, in buona parte **evapora** formando una grande quantità di **vapore acqueo**, che ritroviamo nell'aria.
2. Il vapore acqueo, trasportato dalle correnti d'aria, sale e, incontrando temperature più fredde, **condensa**, formando minuscole goccioline d'acqua che, ingrossandosi e aggregandosi, formano le **nuvole**.
3. Sospese nell'aria, le nuvole, quando diventano dense e pesanti, rilasciano il loro contenuto d'acqua sotto forma di **precipitazioni atmosferiche**, cioè pioggia, neve e grandine.
4. L'acqua che ricade sulla Terra in parte **ritorna nei mari, nei fiumi e nei laghi** e in parte **viene assorbita dal terreno**. Una parte di quest'acqua assorbita va nel sottosuolo ad alimentare le **acque sotterranee**: falde acquifere e anche fiumi e laghi sotterranei.

Come si classificano le nuvole?

- Si considerano **nuvole alte** quelle che superano i 6000 m di altezza, **medie** quelle che sono fra i 6000 e i 2000 m, **basse** quelle sotto i 2000 m di altezza.
- In base alla forma le nuvole si dicono **stratiformi** se sono stratificate e allungate a coprire ampie zone di cielo, **cumuliformi** se sono tondeggianti e spesse.

Che cosa sono pioggia, neve e grandine?

- Quando le nuvole diventano dense e pesanti ricadono sotto forma di **precipitazioni atmosferiche**: pioggia, neve e grandine.
  > Si ha la **pioggia** quando la temperatura al suolo o nell'aria è al di sopra di 0 °C (il punto di congelamento dell'acqua) e quindi le gocce d'acqua ricadono allo stato liquido.
  > Se la temperatura vicino al suolo è al di sotto di 0 °C, le goccioline d'acqua cadendo solidificano, formando i caratteristici fiocchi di **neve**.
  > Se le gocce prima di cadere vengono risospinte in alto, congelano e si accrescono via via di nuove gocce che salendo solidificano a loro volta e precipitano poi a terra sotto forma di chicchi di ghiaccio: la **grandine**.

12 Astronomia e Scienze della Terra

unità 1 → La Terra, il pianeta blu
ragiona e applica

... le conoscenze

1. Completa.

   ......acqua......, ...terra...... e ......aria...... costituiscono le tre parti fisiche della Terra e formano rispettivamente ......idrosfera......, ...atmosfera...... e ......litosfera......

   Queste, nel loro complesso formano la ......biosfera......

2. Descrivi la forma della Terra.

3. Che cos'è l'orizzonte?

4. Completa.

   a. I punti cardinali sono ......dei punti...... di riferimento, stabiliti .... e determinati dal ......sole......

   b. L'Est è il punto ......dove sorge il sole......; l'Ovest è il punto ......dove tramonta il sole......; il Sud è il punto ......dove il sole raggiunge......; il Nord è il punto ......opposto del sud......

5. Che cosa si intende per idrosfera?

6. Completa.

   L'acqua rappresenta il ......71......% della superficie terrestre; di questo il ......98......% è allo stato liquido, mentre il restante ......2......% è allo stato solido e costituisce ......la calotta polare...... Il ......97......% dell'acqua allo stato liquido è salata e solo il ......3......% è dolce.

7. Quali sono le funzioni dell'idrosfera?

8. Descrivi il ciclo dell'acqua e poi completa, con frecce e termini opportuni, la figura sotto che lo rappresenta.

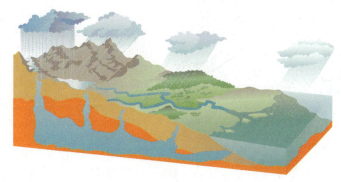

9. Segna il completamento esatto. Le nuvole si formano quando:
   a. l'aria umida si raffredda.
   b. ✗ l'aria è satura di vapore acqueo.
   c. il vapore acqueo condensa.

10. Descrivi i tre tipi di precipitazioni atmosferiche: pioggia, neve e grandine.

unità 1 — La Terra, il pianeta blu — ragiona e applica

11. Scrivi accanto ai termini assegnati lo stato fisico corrispondente (solido o liquido):

- a. Brina ..... solido
- b. Grandine ..... solido
- c. Neve ..... solido
- d. Nebbia ..... liquido
- e. Pioggia ..... liquido
- f. Rugiada ..... liquido

... le abilità

12. Quale dei seguenti areogrammi rappresenta correttamente la distribuzione delle acque e delle terre emerse? Segnalo.

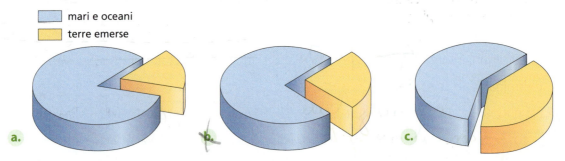

a.   b. (barrato)   c.

13. Quale dei seguenti areogrammi rappresenta correttamente l'idrosfera? Segnalo.

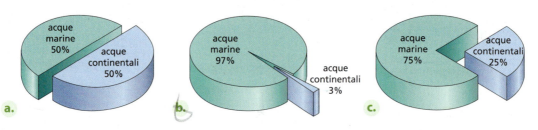

a.   b.   c.

14. Quale delle seguenti affermazioni è vera? Segnala e giustifica la risposta.

- a. Grazie al ciclo dell'acqua, le riserve idriche della Terra diminuiscono.
- b. Grazie al ciclo dell'acqua, le riserve idriche della Terra si mantengono costanti.
- c. Grazie al ciclo dell'acqua, le riserve idriche della Terra aumentano.

15. Scrivi, accanto al tipo di nuvole indicate, se si trattano di nuvole alte, medie o basse.

- a. Cirrostrati ..... alte
- b. Cumuli ..... basse
- c. Altostrati ..... medie
- d. Altocumuli ..... medie
- e. Cirri ..... alte

16. Riconosci e descrivi i tre fenomeni a fianco rappresentati.

- a. ..... rugiada
- b. ..... brina
- c. ..... nebbia

a.   b.   c.

Unità 2

UN IMPORTANTE INVOLUCRO GASSOSO

Perché ne parliamo?

Come sai, viviamo completamente immersi nell'aria, una sostanza allo stato gassoso che ha quindi una sua massa e un suo peso. Ma quanto pesa l'aria?
Se immagini tutta la colonna d'aria che in questo momento preme sulla tua testa, sai spiegarti perché non ti schiaccia?
E ogni volta che spira quel fastidioso vento che può anche causare danni se è particolarmente forte, ti sei chiesto da dove arriva, come e perché si forma?
Ma non è solo il vento che ti avrà incuriosito; ogni volta che in televisione ascolti le previsioni del tempo, ti sono chiare le spiegazioni relative all'alta pressione o alla perturbazione anticiclonica che sta per raggiungere la nostra regione causando bel tempo?
È proprio arrivato il momento di conoscere questa importante componente del nostro pianeta: l'**aria**.

Contenuti
- L'atmosfera
- La pressione atmosferica
- I fattori che influenzano la pressione
- Climatologia e meteorologia

Prerequisiti
- Conoscere le proprietà degli stati di aggregazione della materia e deUn imi cambiamenti di stato
- Conoscere la propagazione del calore e il fenomeno della dilatazione termica

Obiettivi
- Riconoscere caratteristiche e proprietà dell'atmosfera
- Spiegare che cos'è, come si misura e come varia la pressione atmosferica
- Definire i venti e spiegarne l'origine
- Capire i concetti di clima e tempo atmosferico
- Individuare gli elementi e i fattori del clima

unità 2

→ Un importante involucro gassoso

L'atmosfera

Un involucro gassoso circonda la Terra, l'**atmosfera**, l'aria che respiriamo.

> L'atmosfera è un miscuglio di gas: azoto, ossigeno, anidride carbonica e gas rari (argo ed elio), misti a vapore acqueo e a pulviscolo atmosferico.

L'**azoto** è il gas più abbondante (78%). Dal greco *azoè*, "privo di vita", è un gas incapace di mantenere la vita e la combustione. La sua presenza nell'aria serve a ridurre gli effetti dell'ossigeno che, allo stato puro, è altamente infiammabile.

- azoto (78% circa)
- ossigeno (21% circa)
- altri gas (1% circa)

L'**ossigeno** (21%) è il gas più importante perché indispensabile alla respirazione degli esseri viventi. È prodotto dalle piante attraverso la fotosintesi clorofilliana e ha la proprietà di provocare e mantenere la combustione.

Tra gli altri gas presenti troviamo l'**anidride carbonica** (0,04%) che viene prodotta dalla respirazione degli esseri viventi e da tutte le combustioni. Come l'azoto, non provoca né mantiene la combustione ma è importante perché viene utilizzata dalle piante per compiere la fotosintesi clorofilliana. Il restante 0,96% è costituito infine da **vapore acqueo** e **pulviscolo atmosferico**, **argo** ed **elio**.

Molecole di azoto e ossigeno.

L'atmosfera, per effetto della forza di gravità, segue esattamente il contorno della Terra, svolgendo importantissime funzioni per il nostro pianeta.

- Permette la vita grazie alla presenza dell'ossigeno e dell'anidride carbonica.
- Protegge la vita sulla Terra dalle radiazioni ultraviolette e dai raggi cosmici.
- Fa da scudo all'ingresso delle meteore disintegrandole.
- Permette i vari fenomeni atmosferici che regolano la biosfera.
- Permette le comunicazioni fra Paesi distanti riflettendo le onde radio.
- Mantiene e distribuisce con una certa uniformità il calore sulla Terra, evitando forti escursioni termiche fra giorno e notte.

16 Astronomia e Scienze della Terra

FOCUS SU...

Abbiamo detto che fra le varie funzioni l'atmosfera mantiene e distribuisce con una certa uniformità il calore sulla Terra, evitando forti escursioni termiche fra il giorno e la notte. Questa funzione è conosciuta come **effetto serra**. Che cos'è?

Di giorno l'atmosfera evita l'eccessivo riscaldamento assorbendo circa il 16% delle radiazioni solari; sulla Terra, anche per l'assorbimento operato dalle nubi, arriva solo il 50% circa delle radiazioni solari. Una parte di questo 50% viene assorbita dalla superficie terrestre e di notte viene nuovamente irradiata nello spazio. La dispersione di questo calore irradiato di notte causerebbe un brusco raffreddamento notturno se l'atmosfera non lo riflettesse nuovamente verso la superficie terrestre.

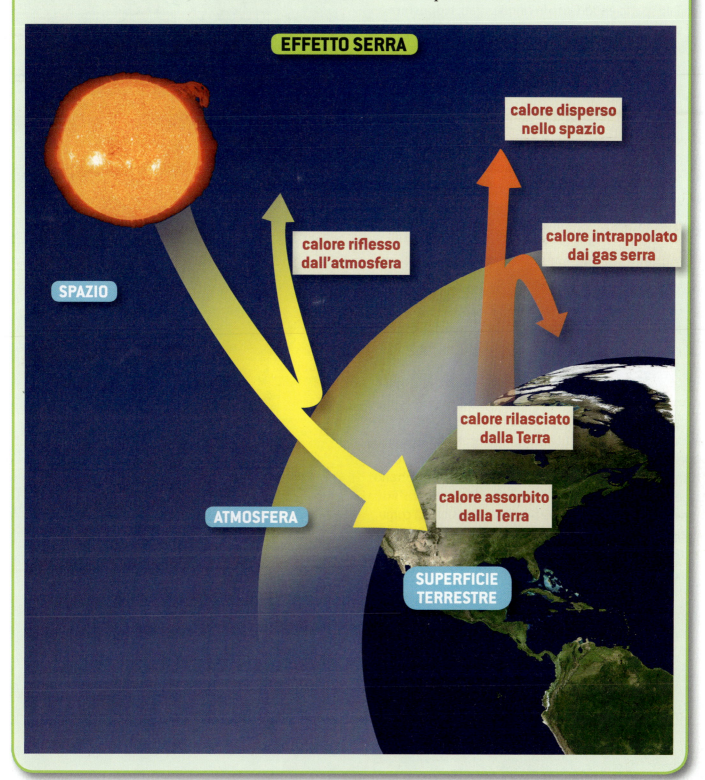

unità 2 Gli strati dell'atmosfera

Fino a quale altezza si può parlare di atmosfera? Lo spessore dell'atmosfera non è definibile con precisione; generalmente si parla ancora di atmosfera, anche se molto rarefatta, fino a un'altezza di 3000 km.
Tale spazio è suddiviso in cinque strati: **troposfera**, **stratosfera**, **mesosfera**, **ionosfera** ed **esosfera**.

1 L'**esosfera** è la parte più alta ed esterna ed è formata da gas estremamente rarefatti che sfuggono all'attrazione terrestre e si disperdono nello spazio; essa è infatti lo strato di passaggio dall'atmosfera allo spazio interplanetario. La pressione atmosferica è nulla e la temperatura elevatissima (fino a 2700 °C).

2 La **ionosfera** si estende fino a 500 km di altezza; è caratterizzata da una pressione atmosferica bassissima e da gas ormai tutti ionizzati che danno origine al fantastico fenomeno delle **aurore boreali**, dovute alle particelle solari che, a contatto con i gas ionizzati, di notte emettono suggestivi bagliori colorati. È importante perché **riflette le onde elettromagnetiche** rendendo possibile la comunicazione fra luoghi molto distanti sulla Terra, altrimenti non raggiungibili a causa della curvatura terrestre.

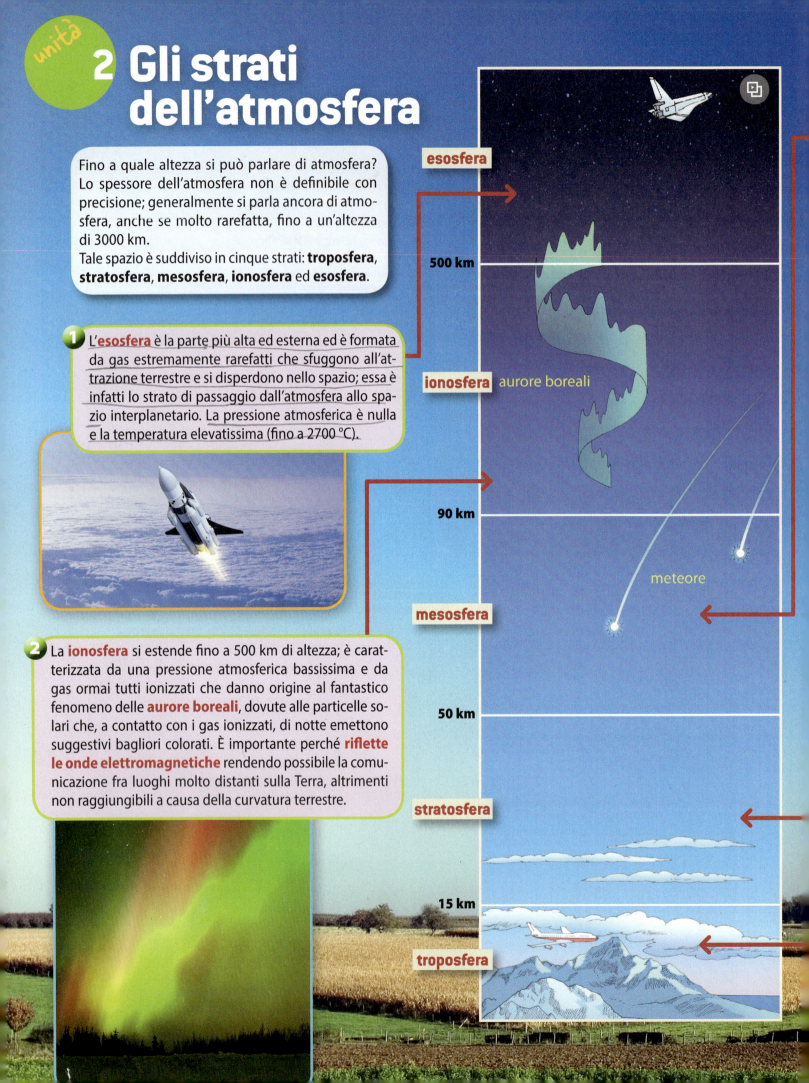

esosfera
500 km
ionosfera — aurore boreali
90 km
meteore
mesosfera
50 km
stratosfera
15 km
troposfera

③ La **mesosfera** si estende fino a 90 km di altezza, raggiungendo una temperatura molto bassa che arriva a circa −100 °C. È composta da gas ancora più rarefatti ed è in questa zona che si "accendono" le **meteore**, corpi celesti che, precipitando ad alta velocità, diventano incandescenti.

④ La **stratosfera** arriva a un'altezza di circa 50 km; nei suoi strati più bassi sono presenti le **correnti a getto**, venti che viaggiano alla velocità di 400-500 km/h. La **temperatura cresce con l'altezza** fino a raggiungere i 17 °C circa. I gas che la compongono sono molto rarefatti e la fascia compresa fra i 30-40 km di altezza, detta **ozonosfera**, è ricca di un gas particolare, l'ozono, importante perché assorbe gran parte delle **radiazioni ultraviolette** (UV) e dei **raggi cosmici**, entrambi molto pericolosi per la vita di tutti gli esseri viventi.

FOCUS SU...

È proprio l'ozonosfera lo scudo protettivo nei confronti della maggior parte dei raggi ultravioletti che vengono assorbiti dalle molecole di ozono e non raggiungono quindi la superficie terrestre dove, in grande quantità, sarebbero molto pericolosi per la nostra salute.

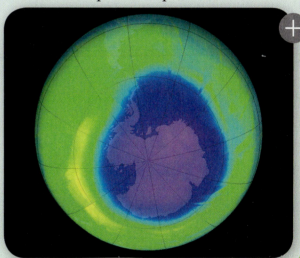

⑤ La **troposfera**, che rappresenta la nostra effettiva "aria", è lo strato più denso, dove si concentra circa il 75% della massa totale dell'aria. Arriva a un'altezza di circa 15 km sul livello del mare, ma al di sopra dei 4 km nessuna forma di vita è possibile. Il suo nome deriva dal termine greco *tropos*, "movimento"; infatti nella troposfera i gas sono in continuo movimento e determinano tutti i **fenomeni atmosferici**. La sua **temperatura diminuisce con l'altezza**, fino ad arrivare a circa −55 °C, perché il suo riscaldamento è dovuto al calore che terra e acqua le restituiscono di notte.

Test rapido

- Che cos'è l'atmosfera?
- Qual è l'importanza dell'azoto, dell'ossigeno e dell'anidride carbonica presenti nell'atmosfera?
- Quali sono le funzioni dell'atmosfera?
- Quali sono gli strati che formano l'atmosfera?
- Qual è l'importanza dell'ozonosfera?

→ Un importante involucro gassoso

La pressione atmosferica

Come sappiamo, anche l'aria ha un suo peso.
Tale peso è stato accuratamente misurato e risulta essere di circa **1 g/l**, un peso che può sembrare poca cosa se non ricordassimo di essere circondati da un'enorme quantità d'aria: miliardi e miliardi di litri.

L'atmosfera terrestre che ci sovrasta ha infatti un peso enorme, circa cinque milioni di miliardi di tonnellate, ed esercita quindi su tutta la superficie terrestre una pressione detta **pressione atmosferica**.

Noi non ci accorgiamo di questa pressione, ma possiamo constatarla in numerose nostre azioni.

OSSERVA

Se inumidiamo il bordo di una ventosa e la comprimiamo su una superficie liscia, essa vi aderisce saldamente e si fa fatica a staccarla. Perché? Premendo la ventosa contro la superficie, l'aria al suo interno esce e quindi sulla ventosa rimane solo la pressione atmosferica che, premendo dall'esterno, la "incolla" alla superficie.

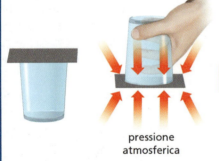

Se riempiamo d'acqua fino all'orlo un bicchiere e lo copriamo con un cartoncino, capovolgendolo vedremo che il cartoncino non cade e l'acqua non si rovescia. Come mai? La pressione atmosferica, maggiore di quella dell'acqua dentro il bicchiere, preme sul cartoncino facendolo attaccare al bicchiere.

L'olio della lattina esce lentamente dal foro. Se pratichiamo un altro foro vedremo l'olio uscire più facilmente. Perché?
La pressione atmosferica preme sul secondo foro e spinge l'olio.

20 Astronomia e Scienze della Terra

La misura della pressione atmosferica

Quanto misura questa pressione atmosferica?

Il primo che misurò la pressione atmosferica fu, intorno alla metà del Seicento, il fisico e matematico **Evangelista Torricelli** (1608-1647), allievo di Galileo Galilei.

Osserviamo come Torricelli effettuò questa misurazione.

OSSERVA

Un tubo pieno di mercurio, alto 1 m e con una sezione di 1 cm^2, viene capovolto in una bacinella, anch'essa piena di mercurio, con l'estremità aperta tappata dal dito.

Liberando l'estremità aperta del tubo, il mercurio scende riversandosi nella bacinella, ma... arrivato a un'altezza di 76 cm si ferma. Perché?

76 cm — vuoto — mercurio — pressione atmosferica

La pressione atmosferica che preme dall'alto sul mercurio della bacinella impedisce al mercurio nel tubo di scendere ulteriormente. La pressione atmosferica, quindi, è uguale al peso che ha il mercurio contenuto in 76 cm di tubo, ovvero al peso di 76 cm^3 di mercurio.

Poiché 76 cm^3 di mercurio pesano 1,033 kg, possiamo dire che **la pressione atmosferica che preme su ogni centimetro quadrato di superficie ha una forza pari a 1,033 kg**.
Questo valore, preso come **unità di misura** della pressione atmosferica, si chiama **atmosfera** (simbolo **atm**): **1 atm = 1033 g/cm^2**.
Altre unità di misura della pressione atmosferica sono il **bar** e il suo sottomultiplo, il **millibar** (**mb**) (1 bar = 1000 millibar) e, nel Sistema Internazionale (S.I.), il **pascal** (simbolo **Pa**).

Barometro.

1 atm = 760 mmHg (millimetri di mercurio)
1 atm = 1,013 bar = 1013 millibar
1 atm = 101 325 Pa

unità 2

→ Un importante involucro gassoso

Lo strumento con cui si misura la pressione atmosferica è il **barometro**.
Quello usato normalmente è il **barometro olosterico aneroide**, costituito da una scatola metallica in cui è stato fatto il vuoto.
Questa scatola è munita di un coperchio tenuto sollevato da una molla; quando l'aria si deforma a ogni minima variazione di pressione, il coperchio si flette e fa spostare una lancetta sul quadrante graduato in millibar.

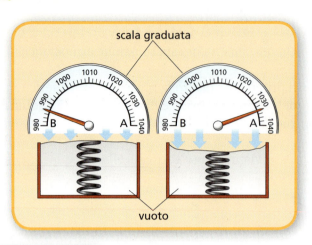

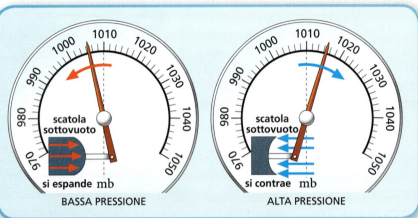

I valori di 1 atm o di 101 325 Pa o di 1013 mb indicano una pressione atmosferica in condizioni normali; per valori superiori si parla di **alta pressione**, per valori inferiori di **bassa pressione**.

FOCUS SU...

Sulla nostra testa, in questo momento, poggia una colonna d'aria di circa 50 kg. Immagina la pressione che dovremmo avvertire!
Come mai, invece, non avvertiamo alcuna pressione e, soprattutto, non restiamo schiacciati da essa?
Innanzi tutto perché essa preme con la stessa intensità da tutte le parti e poi perché è bilanciata dalla pressione dell'aria presente all'interno del nostro corpo che è uguale a quella atmosferica.

Test rapido

- Che cos'è la pressione atmosferica?
- Quale forza ha la pressione atmosferica che preme su ogni centimetro quadrato di superficie?
- Quali sono le unità di misura della pressione atmosferica?

Astronomia e Scienze della Terra

I fattori che influenzano la pressione

La pressione atmosferica non è uguale su tutta la superficie terrestre perché dipende da vari fattori fra i quali: l'**altitudine**, la **temperatura** e l'**umidità**.

- La colonna d'aria che ci sovrasta diventa sempre più leggera a mano a mano che si sale; quindi la pressione diminuisce con l'**altitudine**. Essa è massima a livello del mare, dove misura 1 atm, e diminuisce via via che aumenta l'altitudine; a 2 km di altezza, ad esempio, diminuisce di circa il 20% e a 6 km è quasi dimezzata.
- Se aumenta la **temperatura**, la pressione diminuisce in quanto l'aria riscaldandosi si fa più rarefatta e pesa di meno: si ha quindi una zona di **bassa pressione**. Se diminuisce la temperatura, l'aria si fa più pesante e la pressione aumenta: si ha quindi una zona di **alta pressione**.

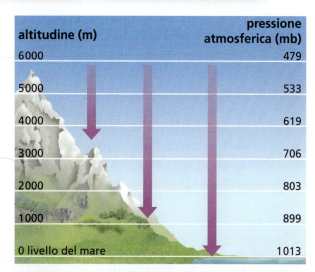

altitudine (m)	pressione atmosferica (mb)
6000	479
5000	533
4000	619
3000	706
2000	803
1000	899
0 livello del mare	1013

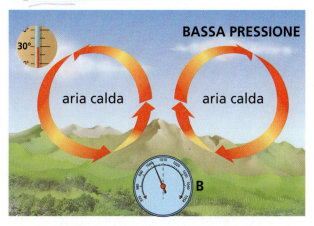
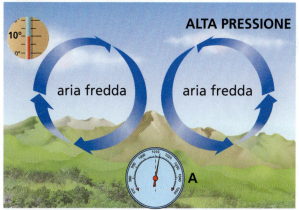

- Se nell'aria c'è **umidità** (vapore acqueo presente in quantità maggiore del normale), l'aria diventa più leggera perché le molecole di vapore acqueo sono più leggere di quelle dell'ossigeno e dell'azoto e quindi la pressione atmosferica diminuisce; viceversa se l'aria è secca, pesa di più e la pressione aumenta.

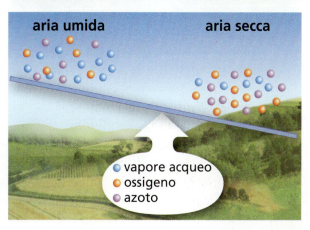

→ Un importante involucro gassoso

I venti

In zone diverse della Terra, nello stesso momento, si può verificare una differenza di pressione: ad esempio, in una si può avere una diminuzione di temperatura e quindi la formazione di una zona di **alta pressione** (area **anticiclonica**) e nell'altra un aumento di temperatura e quindi la formazione di una zona di **bassa pressione** (area **ciclonica**). In questo caso succede che nella zona di alta pressione l'aria fredda, più pesante, scende verso il suolo e si dirige verso la zona a bassa pressione; qui si riscalda e, diventata più leggera, sale nuovamente e si dirige verso la zona ad alta pressione.
Tutto ciò causa masse di aria in movimento, si creano cioè delle correnti d'aria: i **venti**.

> I **venti** sono spostamenti di aria da una zona di alta pressione a una a bassa pressione e servono a equilibrare le pressioni fra le due zone vicine.

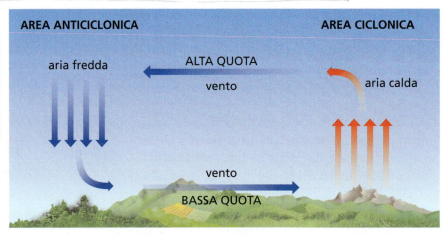

I venti sono caratterizzati dalla **direzione** e dalla **velocità**.

- La **direzione** indica la provenienza del vento riferita ai quattro punti cardinali. Viene segnalata dagli **anemoscopi** (banderuola o manica a vento) ed è rappresentata dalla "**rosa dei venti**".

Rosa dei venti.

Banderuola.

Manica a vento.

- La **velocità**, che si esprime in metri al secondo (m/s) o in chilometri all'ora (km/h), viene misurata con gli **anemometri**.

Anemometro.

Astronomia e Scienze della Terra

La classificazione dei venti

I venti che spirano a bassa quota possono essere **costanti**, **periodici** o **variabili**.

- Sono **venti costanti** quelli che spirano sempre nella stessa direzione:
  - i **venti polari**, che soffiano dai poli alle zone subpolari;
  - i **venti occidentali**, che spirano dalla zona tropicale alle zone subpolari;
  - gli **alisei**, che soffiano dai tropici all'equatore.

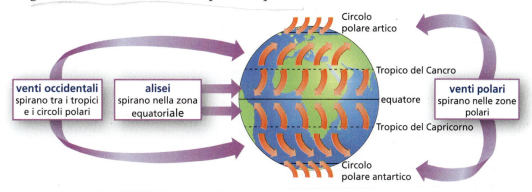

- Sono **venti periodici** quelli che spirano sempre nella stessa direzione, ma cambiano periodicamente il verso: i **monsoni** e le **brezze**.

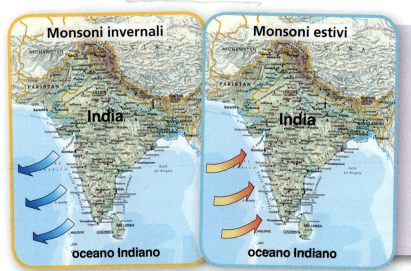

- I **monsoni** sono venti che spirano in India, Indocina e Cina cambiando verso ogni sei mesi. I monsoni invernali soffiano dal continente verso l'oceano e sono freddi e asciutti; i monsoni estivi soffiano dall'oceano verso il continente e sono caldi e umidi. In aprile e in ottobre, mesi in cui cambiano verso, spesso danno origine a tempeste e disastrosi cicloni.

- Le **brezze** sono venti che spirano dal mare verso la terra e viceversa, cambiando verso ogni dodici ore. Sono causate dal diverso riscaldamento delle due zone verso cui spirano e si distinguono in **brezza di mare** e **brezza di terra**, **di monte** e **di valle**, **di lago** e **di riva**. Le **brezze di mare** spirano di giorno dal mare verso la terraferma. Il suolo, infatti, si riscalda più velocemente del mare e ciò crea sulla costa una zona di bassa pressione e sul mare una di alta pressione. Dal mare verso la terra spira quindi un leggero vento: la brezza di mare. Le **brezze di terra** spirano di notte dalla terraferma verso il mare. Il suolo, infatti, si raffredda più velocemente del mare e ciò crea sulla costa una zona di alta pressione e sul mare una di bassa pressione. Dalla terra verso il mare spira quindi un leggero vento: la brezza di terra.

unità 2

→ **Un importante involucro gassoso**

- Sono **venti variabili** quelli che hanno un andamento irregolare in quanto sono generalmente legati al crearsi di certe condizioni atmosferiche locali. Fra i venti variabili alcuni investono tutto il Mediterraneo e quindi anche l'Italia:
  - lo **scirocco**, vento caldo che soffia da sud-est e proviene dal deserto del Sahara; investe l'Italia partendo dalla Sicilia dove è secco ma diventa umido risalendo;
  - il **fohn**, vento caldo e secco che, in Italia, interessa le vallate alpine;
  - la **bora**, vento freddo e violento che soffia dall'Europa centro-orientale all'Adriatico, dove arriva con una velocità che raggiunge anche i 150 km/h;
  - il **maestrale**, vento freddo e secco che soffia dal Massiccio Centrale francese e investe tutto il Mediterraneo, raggiungendo anche i 100 km/h;
  - la **tramontana**, vento freddo e spesso violento che in inverno soffia da nord investendo tutta la penisola;
  - il **libeccio**, vento caldo e umido che soffia da ovest o sud-ovest e interessa soprattutto le coste tirreniche;
  - il **grecale**, vento caldo e secco che proviene da nord-est e soffia sulle coste centro-meridionali.

In base alla loro velocità e agli effetti che producono, i venti vengono classificati secondo la **scala di Beaufort** in 12 gradi.

La scala di Beaufort		
1 Bava di vento	da 0,6 a 1,7 m/s	piega il fumo dei camini
2 Brezza leggera	da 1,8 a 3,3 m/s	muove le foglie
3 Brezza tesa	da 3,4 a 5,2 m/s	agita le foglie
4 Vento moderato	da 5,3 a 7,4 m/s	muove piccoli rami
5 Vento teso	da 7,5 a 9,8 m/s	muove grossi rami, increspa le acque
6 Vento fresco	da 9,9 a 12,4 m/s	agita grossi rami, si avverte nelle case
7 Vento forte	da 12,5 a 15,2 m/s	agita alberi, ostacola il cammino
8 Burrasca	da 15,3 a 18,2 m/s	schianta rami, agita grossi alberi
9 Burrasca forte	da 18,3 a 21,5 m/s	asporta le tegole
10 Burrasca fortissima	da 21,6 a 25,1 m/s	sradica e schianta alberi
11 Fortunale	da 25,2 a 29 m/s	provoca gravi danni
12 Uragano	oltre 29 m/s	provoca gravi devastazioni

Test rapido

- Da quali fattori dipende la pressione atmosferica?
- Che cosa sono i venti?
- Quando si parla di venti costanti, periodici e variabili?
- Che cos'è la scala di Beaufort?

26 Astronomia e Scienze della Terra

Climatologia e meteorologia

I fenomeni atmosferici contribuiscono a determinare il **clima** di una zona, ma anche il bello e il cattivo tempo in un certo periodo, ovvero il **tempo meteorologico**.

- **Il clima** è la media delle condizioni meteorologiche (temperatura, precipitazioni, umidità, venti ecc.) che si sono verificate in un certo luogo e per un periodo abbastanza prolungato (minimo 30 anni) secondo l'Organizzazione Meteorologica Mondiale (WMO).
- **Il tempo meteorologico** è una condizione temporanea che si verifica in un certo momento e in una certa località ed è dovuta a variazioni meteo giornaliere, stagionali o annuali.

Da sempre l'uomo ha cercato di prevedere "che tempo farà domani" perché, specie in passato, dal bello o dal cattivo tempo dipendevano attività indispensabili alla sua stessa sopravvivenza.
Le previsioni del tempo non sono oggi meno fondamentali che in passato: l'agricoltura, i trasporti, il turismo, le comunicazioni aeree e navali sono infatti condizionati dal tempo.
All'interno delle **scienze dell'atmosfera** si sono così sviluppate due discipline: la **climatologia** e la **meteorologia**.

- **La climatologia** studia il clima, cioè tutti i processi che modificano le condizioni atmosferiche medie a lunga scadenza causando cambiamenti climatici.
- **La meteorologia** studia i fenomeni fisici che avvengono nell'atmosfera terrestre a breve scadenza e che sono responsabili del tempo atmosferico.

Scienziati si diventa

Climatologia

Per determinare il clima di una regione vanno considerati gli **elementi climatici** (temperatura e umidità dell'aria, precipitazioni, ore di sole, nuvolosità, regime dei venti, variazioni di pressione) e i **fattori climatici** (latitudine, altitudine, distanza dal mare, correnti marine, esposizione topografica, vegetazione).

Gli elementi climatici, che determinano il tempo meteorologico di giorno in giorno, vengono considerati e misurati nell'arco di molti anni (minimo 30 anni) e il valore medio di queste misurazioni permette di stabilire il clima di una regione.

27

Un importante involucro gassoso

I fattori climatici vengono osservati, sempre nell'arco di molti anni, in quanto agiscono e influenzano in modo determinante gli elementi climatici.
Analizziamo brevemente questi fattori climatici.

- La **latitudine**, cioè la distanza di una zona dall'equatore, condiziona la temperatura perché l'inclinazione dei raggi solari, che all'equatore arrivano perpendicolarmente, influisce sul riscaldamento della zona considerata.
- L'**altitudine**, come sappiamo, influisce sia sulla temperatura e sulla pressione che diminuiscono all'aumentare dell'altezza sul livello del mare, sia sulle precipitazioni che invece aumentano con l'altezza e possono diventare nevose.
- La **distanza dal mare** e dai grandi bacini di acqua (laghi) influisce sulla temperatura (ricorda la funzione termoregolatrice dell'idrosfera), sull'umidità e quindi sulla frequenza delle precipitazioni.
- Le **correnti marine** influenzano la temperatura (correnti freddi o calde), l'umidità e il regime dei venti.
- L'**esposizione topografica**, cioè l'orientazione della zona rispetto ai punti cardinali, influisce sulla temperatura perché le zone rivolte a sud ricevono più raggi solari di quelle rivolte a nord.
- La **vegetazione**, attraverso il processo di fotosintesi e di traspirazione, assorbe calore ed emette vapore acqueo influenzando la temperatura che diminuisce e l'umidità che aumenta.

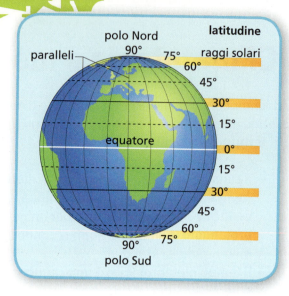

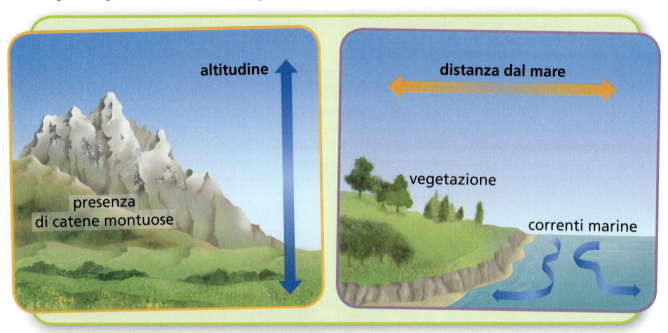

Elementi e fattori climatici determinano il clima sulla Terra che può essere suddivisa in zone climatiche che godono, complessivamente, di un clima simile.
Il sistema di classificazione più usato è quello proposto dal climatologo russo **Wladimir Köppen** (1846-1940).

Secondo Köppen possiamo distinguere **cinque classi climatiche**, ciascuna delle quali è suddivisa in tipi climatici.

- **Clima tropicale umido**: con temperature medie tra i 15-20 °C e moderate precipitazioni.
- **Clima arido**: con accentuate escursioni termiche giornaliere e scarse precipitazioni.
- **Clima temperato caldo**: con temperature sempre superiori a 18 °C e abbondanti precipitazioni.
- **Clima boreale**: con temperature medie tra 0-15 °C e abbondanti precipitazioni.
- **Clima polare**: con temperature medie inferiori a 0 °C e scarse precipitazioni.

Astronomia e Scienze della Terra

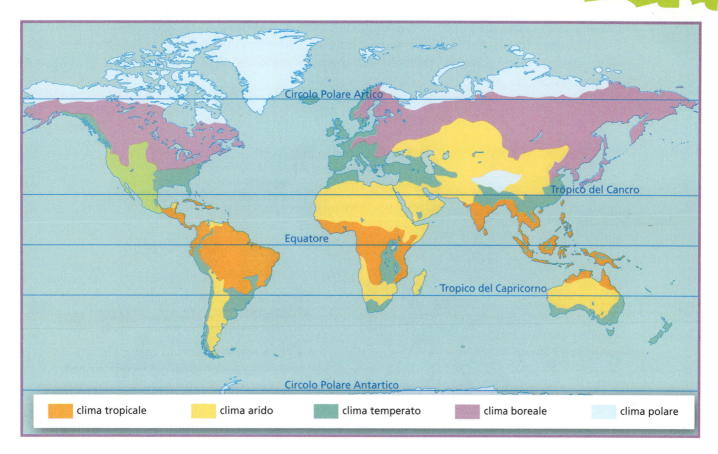

| clima tropicale | clima arido | clima temperato | clima boreale | clima polare |

Meteorologia

La meteorologia si avvale di sofisticati strumenti (**satelliti meteorologici**) e di una rete di stazioni di servizio meteorologiche situate in tutto il mondo e operative in ogni momento del giorno e della notte. Le osservazioni raccolte vengono scambiate attraverso un sistema di telecomunicazione (**GTS**, **Global Telecommunications System**) che fa capo al WMO. Attraverso tutti i dati raccolti si realizzano le **carte meteorologiche**, come quelle mostrate in televisione, e vengono elaborate le **previsioni del tempo**. La loro attendibilità è massima nell'arco di tre giorni e si riduce per periodi più lunghi.
Che cosa possono prevedere i meteorologi in base ai dati forniti dai loro strumenti?
Sapere che una zona è interessata da una bassa pressione fa prevedere tempo instabile con possibilità di pioggia; questo perché la bassa pressione è legata a movimenti in salita di masse d'aria calda e umida che favoriscono l'arrivo di venti freddi e la formazione di nuvole.

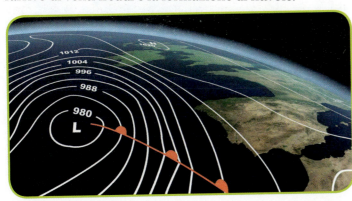

29

Un importante involucro gassoso

Viceversa, l'alta pressione fa prevedere tempo asciutto. Masse d'aria in movimento fanno prevedere la formazione di **fronti**, che rappresentano le linee di confine fra due masse d'aria con caratteristiche diverse. La zona in cui si forma un fronte è altamente instabile e in essa, generalmente, si verificano delle precipitazioni.

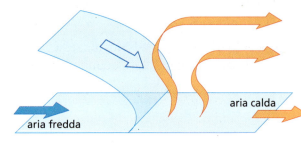

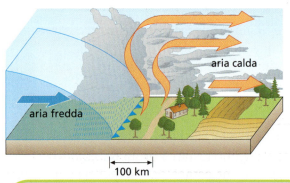

Quando una massa d'aria calda e umida (bassa pressione) si sposta e incontra una massa d'aria fredda (alta pressione) si forma un **fronte caldo**. L'aria calda (più leggera) scorrerà sopra l'aria fredda producendo, lungo il fronte, nuvole con possibilità di piogge deboli ma insistenti.

Quando, invece, una massa d'aria fredda si incunea sotto una massa d'aria calda si forma un **fronte freddo**. L'aria fredda solleva e raffredda l'aria calda, con formazione lungo il fronte di un sistema di nuvole cumuliformi e, quindi, con possibilità di precipitazioni temporalesche e di grandine.

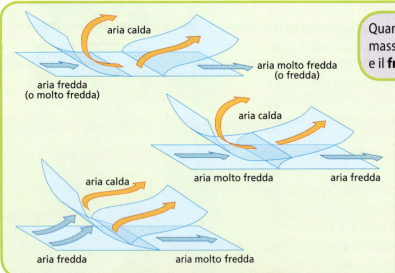

Quando una massa d'aria fredda raggiunge la massa d'aria fredda successiva ritorna il sereno e il **fronte** si dice **occluso**.

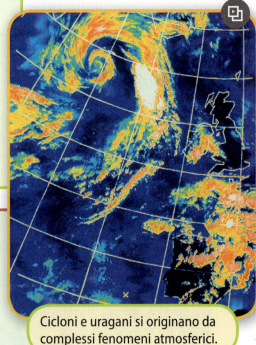

Cicloni e uragani si originano da complessi fenomeni atmosferici.

Test rapido

- Che cosa sono clima e tempo meteorologico?
- Che cosa studiano la climatologia e la meteorologia?
- Che cosa sono e quali sono gli elementi e i fattori climatici?
- Quali sono le cinque classi climatiche secondo Köppen?
- Che cos'è un fronte?
- Quando un fronte si dice caldo, freddo o occluso?

30 Astronomia e Scienze della Terra

L'inquinamento delle acque e dell'atmosfera

Un aspetto preoccupante che riguarda una preziosa sostanza come l'acqua è l'**inquinamento idrico**. I grandi serbatoi naturali di acqua sono spesso resi inutilizzabili perché inquinati.

Nei mari, nei laghi e nei fiumi si accumula, infatti, parte dei rifiuti che la società produce e pochissima è l'acqua pulita. Quali sono le cause di questo inquinamento?

Le **fogne cittadine** spesso scaricano nei fiumi, nei laghi e nei mari la maggior parte delle loro acque inquinate da batteri e virus; esse sono quindi estremamente pericolose per la salute dell'uomo in quanto fonte di malattie infettive quali il tifo, il colera, l'epatite virale e la salmonellosi. Pericoloso è anche lo scarico nelle acque dei detersivi sintetici non biodegradabili o che contengono fosfati. I primi riempiono di schiuma le acque, ne ostacolano l'ossigenazione e ne causano la "morte". I secondi immettono nelle acque grandi quantità di fosfati, causando il fenomeno dell'**eutrofizzazione**.

Le **industrie** utilizzano una grande quantità di acqua e, spesso, la riscaricano direttamente nei fiumi, nei laghi o nel mare, senza averla prima depurata. Queste acque sono altamente e pericolosamente inquinate perché ricche di agenti chimici, metalli pesanti e veleni provenienti da industrie chimiche, cartiere, stabilimenti tessili e metallurgici.
Alcune industrie, inoltre, causano un **inquinamento termico** scaricando acque magari pulite ma calde perché usate nei processi di raffreddamento degli impianti. L'alta temperatura provoca alterazioni delle condizioni fisiche degli ambienti acquatici, con conseguente moria degli esseri viventi presenti.

Gli idrocarburi riversati nei mari

La quantità di petrolio che viene riversata nei mari è purtroppo in continuo aumento. L'inquinamento da petrolio è dovuto in particolare al lavaggio delle petroliere che spesso si svolge in mare aperto anziché nei bacini predisposti per questo scopo dalla legge. Altre cause della presenza di questa pericolosa sostanza nel mare sono gli incidenti, come le avarie o i naufragi (soprattutto di petroliere), e le trivellazioni del fondo marino.
I residui grassi del petrolio non evaporano, ma formano una pellicola oleosa che galleggia sulla superficie del mare.
Ciò impedisce l'ossigenazione delle acque e quindi causa la morte degli organismi che le popolano.
Il petrolio, inoltre, si accumula negli animali marini e un suo pericoloso composto, il benzopirene, altamente cancerogeno, può arrivare all'uomo attraverso la catena alimentare.

→ Un importante involucro gassoso

2 L'aria inquinata

Anche l'aria è costantemente minacciata dall'**inquinamento atmosferico**, che spesso la rende un miscuglio di gas tossici sempre meno "respirabile".

La causa di questo inquinamento è dovuta soprattutto ai processi di combustione che riversano nell'aria prodotti gassosi dannosi per l'uomo e per tutti gli altri organismi.

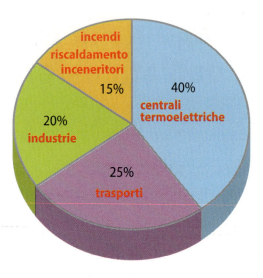

Come vedi, le principali fonti d'inquinamento dell'aria sono gli **scarichi degli autoveicoli**, degli **impianti di riscaldamento** e delle **industrie** in generale (**centrali termoelettriche** e **inceneritori**).

Questi scarichi liberano nell'aria sostanze che costituiscono una vera minaccia per l'uomo e per tutti gli esseri viventi: **ossido di carbonio, biossido di azoto e di zolfo, piombo, idrocarburi non completamente bruciati** e **micropolveri**.

L'**ossido di carbonio** in dosi elevate è mortale perché riduce la capacità del sangue di trasportare ossigeno.
Il **biossido di azoto** può reagire con l'acqua formando l'acido nitrico, particolarmente corrosivo e irritante, che provoca bronchiti.
Il **biossido di zolfo** è il responsabile delle piogge acide che danneggiano il patrimonio artistico ma anche le piante, di cui possono causare anche la morte. Le **micropolveri** sono finissime polveri di metalli, minerali e particelle derivate dalla combustione. Sono irritanti e favoriscono l'insorgere del tumore ai polmoni.

32 Astronomia e Scienze della Terra

unità 2 — Un importante involucro gassoso

fissa i concetti chiave

Che cos'è l'atmosfera?

- L'atmosfera è un miscuglio di gas: azoto, ossigeno, anidride carbonica e gas rari (argo ed elio), misti a vapore acqueo e a pulviscolo atmosferico.

Quali funzioni svolge l'atmosfera?

- Permette la vita grazie alla presenza dell'ossigeno e dell'anidride carbonica.
- Protegge gli esseri viventi dalle radiazioni ultraviolette e dai raggi cosmici.
- Fa da scudo all'ingresso delle meteore disintegrandole.
- Permette i vari fenomeni atmosferici che regolano la biosfera.
- Permette le comunicazioni fra Paesi distanti riflettendo le onde radio.
- Mantiene e distribuisce con una certa uniformità il calore sulla Terra, evitando forti escursioni termiche fra giorno e notte.

Quali sono gli strati in cui è suddivisa l'atmosfera?

- La **troposfera**, che rappresenta la nostra effettiva "aria", è lo strato più denso, dove si concentra circa il 75% della massa totale dell'aria. Arriva a un'altezza di circa 15 km sul livello del mare; in essa i gas sono in continuo movimento e determinano tutti i **fenomeni atmosferici**. La sua **temperatura diminuisce con l'altezza**, fino ad arrivare a circa –55 °C, perché il suo riscaldamento è dovuto al calore che terra e acqua le restituiscono di notte.
- La **stratosfera** arriva a un'altezza di circa 50 km. I gas che la compongono sono molto rarefatti e la fascia compresa fra i 30-40 km di altezza, detta **ozonosfera**, è ricca di un gas particolare, l'**ozono**, importante perché assorbe gran parte delle **radiazioni ultraviolette** (UV) e dei **raggi cosmici**.
- La **mesosfera** si estende fino ai 90 km di altezza raggiungendo una temperatura molto bassa, circa –100 °C. È composta da gas ancora più rarefatti.
- La **ionosfera** si estende fino a 500 km di altezza; è caratterizzata da una pressione atmosferica bassissima e da gas ormai tutti ionizzati che danno origine al fantastico fenomeno delle **aurore boreali**. È importante perché **riflette le onde** elettromagnetiche.
- L'**esosfera** è la parte più alta ed esterna, formata da gas estremamente rarefatti che sfuggono all'attrazione terrestre e si disperdono nello spazio.

Che cos'è la pressione atmosferica?

- La **pressione atmosferica** è la pressione che tutta l'atmosfera terrestre che ci sovrasta esercita sulla superficie terrestre.

Quanto misura la pressione atmosferica?

- La pressione atmosferica **ha una forza pari a 1,033 kg/cm²**. Questo valore, preso come unità di misura della pressione atmosferica, si chiama **atmosfera** (simbolo **atm**): **1 atm = 1033 g/cm²**. Altre unità di misura della pressione atmosferica sono il **bar** e il suo sottomultiplo, il **millibar** (**mb**), (1 bar = 1000 millibar) e, nel Sistema Internazionale (S.I.), il **pascal** (simbolo **Pa**).

Quali fattori influenzano la pressione atmosferica?

- La pressione atmosferica dipende da **altitudine**, **temperatura** e **umidità**. Essa diminuisce con l'aumentare dell'altitudine, della temperatura e dell'umidità.

Che cosa sono i venti?

- I **venti** sono spostamenti di aria da una zona di alta pressione, anticiclonica, a una a bassa pressione, ciclonica, e servono a equilibrare le pressioni fra due zone vicine.

Come possono essere i venti?

- I venti che spirano a bassa quota possono essere:
  > **venti costanti**, quelli che spirano sempre nella stessa direzione.
  > **venti periodici**, quelli che spirano sempre nella stessa direzione, ma cambiano periodicamente il verso.
  > **venti variabili**, quelli che hanno un andamento irregolare in quanto sono generalmente legati al crearsi di certe condizioni atmosferiche locali.

Che cosa sono clima e tempo meteorologico?

- Il **clima** è la media delle condizioni meteorologiche (temperatura, precipitazioni, umidità, venti ecc.) che si sono verificate in un certo luogo e per un periodo abbastanza prolungato (minimo 30 anni).
- Il **tempo meteorologico** è una condizione temporanea che si verifica in un certo momento e in una certa località ed è dovuta a variazioni meteo giornaliere, stagionali o annuali.

Quali sono le classi climatiche?

- **Clima tropicale umido**: con temperature medie tra i 15-20 °C e moderate precipitazioni.
- **Clima arido**: con accentuate escursioni termiche giornaliere e scarse precipitazioni.
- **Clima temperato caldo**: con temperature superiori a 18 °C e abbondanti precipitazioni.
- **Clima boreale**: con temperature medie tra 0-15 °C e abbondanti precipitazioni.
- **Clima polare**: con temperature medie inferiori a 0 °C e scarse precipitazioni.

33

→ Un importante involucro gassoso

ragiona e applica

... le conoscenze

1. Che cosa si intende per atmosfera?
2. Quali gas costituiscono l'atmosfera?
3. Descrivi le importanti funzioni che l'atmosfera svolge nel suo complesso.
4. Segna il completamento esatto. Si parla di atmosfera fino a un'altezza di:
   a. 18 km
   b. 3000 km
   c. 600 km
5. Quali sono i cinque strati in cui è suddivisa l'atmosfera? ....
   ....
6. In quale strato dell'atmosfera si trova l'ozonosfera? Che cos'è e a che cosa serve?
7. Quale strato dell'atmosfera è importante perché riflette le onde elettromagnetiche?
8. In quale strato dell'atmosfera si verificano i vari fenomeni atmosferici?
9. Vero o falso? Scrivilo accanto a ogni affermazione.
   a. Nella troposfera la temperatura diminuisce con l'altezza. ....
   b. Nella stratosfera la temperatura diminuisce con l'altezza. ....
   c. La mesosfera raggiunge temperature molto alte, circa 100 °C. ....
   d. Nell'esosfera la pressione atmosferica è nulla e la temperatura elevatissima. ....
10. Che cos'è la pressione atmosferica?
11. Quali sono le unità di misura della pressione atmosferica?
12. Completa:
    a. 1 atm = ... mmHg.
    b. 1 atm = ... bar = ... millibar.
    c. 1 atm = ... Pa.
13. Per quali valori della pressione atmosferica si parla di bassa pressione? E di alta pressione?
14. Da quali fattori dipende la pressione atmosferica?
15. Che cosa sono, come si formano e da che cosa sono caratterizzati i venti?
16. Segna il completamento esatto. L'aria si sposta:
    a. verticalmente dalle zone di alta pressione a quelle di bassa pressione.
    b. verticalmente dalle zone di bassa pressione a quelle di alta pressione.
    c. orizzontalmente dalle zone di alta pressione a quelle di bassa pressione.
    d. orizzontalmente dalle zone di bassa pressione a quelle di alta pressione.

17. Che cos'è la scala di Beaufort?

18. Completa.

I venti che spirano a bassa quota possono essere costanti se .... ,

periodici se ....

....

e variabili se ....

....

19. Che cosa sono clima e tempo meteorologico?

20. Completa.

    a. La scienza che studia il clima è la ....

    b. La scienza che studia il tempo atmosferico è la ....

21. Quali sono gli elementi e i fattori climatici che si considerano per determinare il clima di una regione?

22. Quando si ha la formazione di fronti?

23. Quando si parla di fronte caldo, fronte freddo e fronte occluso? E che cosa determina ciascuno di essi?

... le abilità

24. Completa il grafico a fianco riguardante la composizione dell'aria.

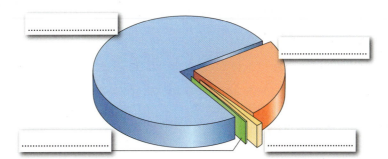

25. Scrivi a quante atmosfere corrispondono:

    a. 10 millibar = ... atm.

    b. 5 bar = ... atm.

    c. 1000 Pa = ... atm.

26. Osserva la figura a fianco. Che cosa vuole evidenziare? Perché?

....

....

....

....

→ Un importante involucro gassoso

▼ ragiona e applica

27. Segna il completamento esatto. La pressione atmosferica è minore:
- **a.** a 700 m sotto il livello del mare.
- **b.** a 700 m sopra il livello del mare.
- **c.** a 400 m sopra il livello del mare.

28. Segna il completamento esatto. Dalla posizione "cima di una montagna" ti sei portato alla posizione "livello del mare". La pressione atmosferica:
- **a.** è diminuita.
- **b.** è aumentata.
- **c.** è rimasta invariata.

29. Segna il completamento esatto. Dalla temperatura segnata nel primo termometro (a sinistra) siamo passati alla temperatura del secondo. La pressione atmosferica:
- **a.** è diminuita.
- **b.** è aumentata.
- **c.** è rimasta invariata.

30. Segna il completamento esatto. Si è passati da un'umidità del 65% a un'umidità del 25%. La pressione atmosferica:
- **a.** è diminuita.
- **b.** è aumentata.
- **c.** è rimasta invariata.

31. I due barometri segnano la pressione atmosferica di due località diverse (A e B) poste alla stessa latitudine. Inserisci tra loro una freccia che indichi la giusta direzione che avrà il vento che spira a bassa quota fra le due località.

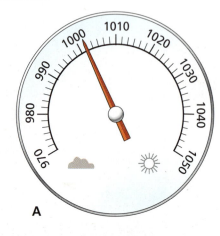
A

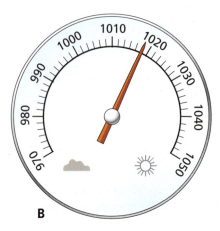
B

Astronomia e Scienze della Terra

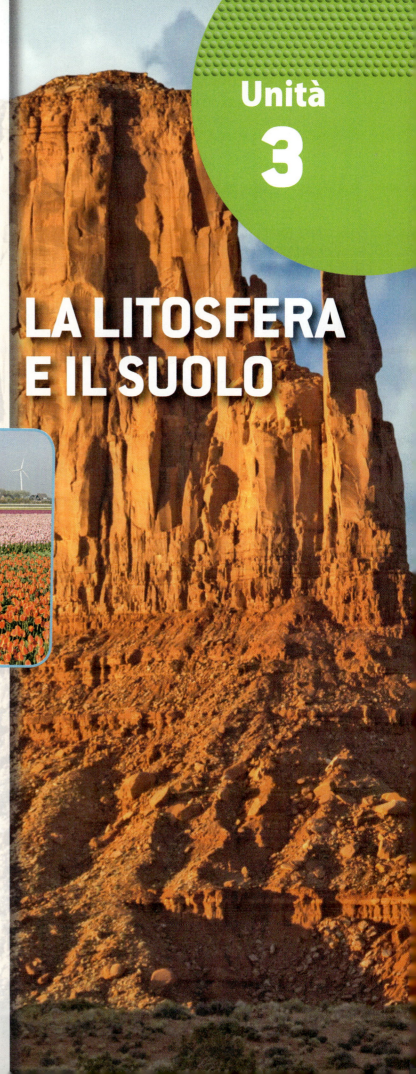

Unità 3
LA LITOSFERA E IL SUOLO

Perché ne parliamo?

Ed eccoci alla componente del sistema Terra con cui siamo più spesso a contatto.
Quando cammini lungo i viottoli di un giardino, quando percorri il sentiero di una montagna o pedali per una stradina di campagna, quando corri veloce su un prato per veder volare il tuo aquilone, quando sulla spiaggia ammiri estasiato il mare, sei a contatto proprio con il **suolo**, quel sottile strato della superficie terrestre che chiami "terra".

Sai come si è formato?
E perché non è sempre e dovunque dello stesso tipo?
Avrai sentito parlare di piante adatte a un tipo di terreno piuttosto che a un altro; come mai?
Sarà interessante poter rispondere a queste e a tante altre domande su questa importante componente della Terra; leggiamo allora con interesse le pagine seguenti che ci sveleranno i segreti del **suolo**.

Contenuti
- Il suolo e la sua origine
- Composizione e caratteristiche del suolo
- Il profilo di un suolo naturale
- Il suolo agrario

Prerequisiti
- Conoscere le proprietà degli stati di aggregazione della materia e dei cambiamenti di stato
- Conoscere la composizione e le proprietà dell'aria e dell'acqua

Obiettivi
- Conoscere l'origine, la composizione e i tipi di suolo
- Riconoscere i vari tipi di suolo naturale
- Capire il significato di suolo agrario e conoscerne le problematiche

unità 3 Il suolo e la sua origine

La parte solida del nostro pianeta, quella comunemente detta "terra", è la **litosfera**, formata, come vedremo meglio studiando la struttura interna della Terra, dal **mantello litosferico**, o superiore, e dalla **crosta terrestre**, costituita dalla **crosta continentale** (i continenti) e dalla **crosta oceanica** (i fondali oceanici).

Con uno spessore medio di circa 60-70 km, la litosfera rappresenta un sottile involucro formato essenzialmente da silicio, alluminio, ferro, calcio, sodio, potassio e magnesio.

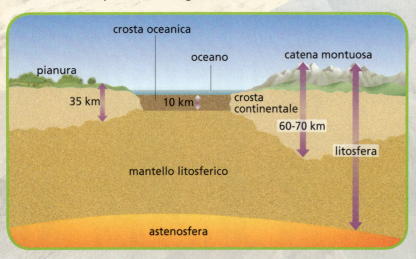

La parte più superficiale della crosta terrestre, quella dove affondano le radici delle piante e vivono esseri viventi quali alghe, funghi, batteri, lombrichi e altri piccoli animali, è il **suolo** o **terreno**.

> Il **suolo** è la parte più superficiale della crosta terrestre, il sottile strato dove affondano le radici delle piante e vivono alcuni esseri viventi. Il suolo non alterato dall'intervento umano è detto **suolo naturale**.

Origine del suolo

Ma come si è formato questo suolo che costituisce le nostre campagne, la distesa di sabbia delle nostre spiagge, una lussureggiante foresta, i brulli deserti o i maestosi monti?

In origine, circa 4 miliardi di anni fa, la Terra era una massa incandescente allo stato fuso che, a poco a poco, si è raffreddata consolidandosi e trasformandosi in roccia. Da allora questa dura e compatta roccia ha subìto, e subisce ancora oggi, continue modificazioni per l'**azione erosiva degli agenti atmosferici e l'attività degli esseri viventi**.

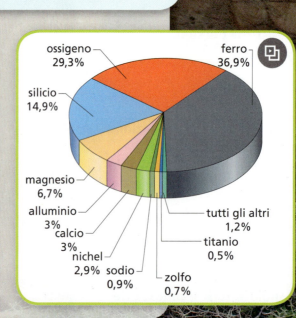

1. Di giorno i raggi del Sole (le variazioni di temperatura) riscaldano la nuda roccia e ne causano la dilatazione a cui segue, di notte, una contrazione dovuta all'abbassamento della temperatura.
Questo alternarsi di contrazioni e di dilatazioni, giorno dopo giorno, favorisce la **fessurazione** della roccia e quindi la sua **frantumazione**.

2. L'**atmosfera** con i suoi componenti, quali l'ossigeno e l'anidride carbonica, esercita un'importante azione chimica alterando la composizione e la struttura delle rocce a livello della superficie. L'ossigeno e l'anidride carbonica disciolti nell'acqua piovana favoriscono, infatti, reazioni chimiche che alterano la composizione delle rocce.

3. Anche il **vento** modifica l'ambiente. Esso, infatti, smussa e leviga le rocce (azione di **abrasione**) e solleva e trasporta altrove i detriti (azione di **deflazione**).

4. Questo fenomeno è favorito, in vari modi, anche dall'**azione dell'acqua**. Essa, infatti, penetra attraverso le fessure della roccia e, quando la temperatura si abbassa, ghiaccia.
Ghiacciando aumenta di volume e provoca così un'ulteriore spaccatura delle rocce, favorendone la disgregazione.
Dando origine a cascate, torrenti, ruscelli e fiumi, l'acqua incide profondi solchi nelle rocce e forma valli e pianure. Diventata onde e frangenti del mare, l'acqua modella le coste scavando caverne e grotte e, trasportando sabbia, forma lagune salmastre. Sotto forma di ghiacciai che, scendendo a valle, trascinano un'enorme quantità di materiale strappato ai fianchi delle montagne, sempre l'acqua forma valli e colline.

5. Lo sgretolamento delle rocce ha originato luoghi non più rocciosi adatti allo sviluppo di piccoli **organismi vegetali e animali**.

→ La litosfera e il suolo

unità 3

Organismi vegetali e animali

Questi hanno modificato ulteriormente il suolo che da materiale inorganico si è trasformato in un miscuglio di materiale inorganico e organico, l'**humus**, proveniente dalla decomposizione dei primi esseri viventi che vi si erano insediati.

Questo materiale è diventato sempre più adatto alla vita e ha assunto gradatamente la struttura del "suolo" che noi oggi conosciamo.

1 Il Sole, l'acqua, l'atmosfera e il vento frantumano la roccia.

2 Si formano zone meno rocciose, dove si sviluppano i primi organismi.

3 Questi trasformano il suolo in un misto di materiale organico e inorganico, l'humus.

4 Lo strato superficiale diventa sempre più adatto alla vita e assume la struttura del suolo che oggi conosciamo.

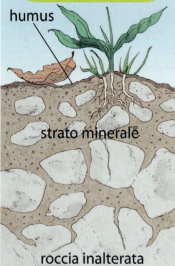
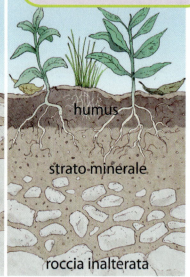

Test rapido

- Che cos'è la litosfera?
- Che cos'è il suolo?
- Come si è originato il suolo?

40 Astronomia e Scienze della Terra

Composizione e caratteristiche del suolo

Osservando un campione di suolo con una lente d'ingrandimento notiamo subito che esso è un miscuglio di particelle diverse tra loro per aspetto, dimensioni, consistenza e colore. Alcune di queste particelle sono di origine inorganica (pietrisco, ghiaia, argilla, sabbia, calcare e sali minerali), altre sono di origine organica (resti animali e vegetali) e infine altre particelle ancora denotano la presenza di acqua e aria.

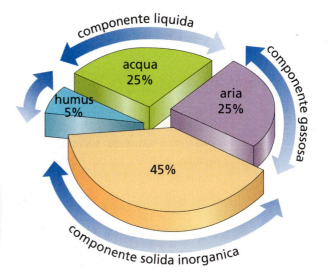

> Il suolo naturale è formato da una componente gassosa, l'**aria**, per il 25%, una liquida, l'**acqua**, per il 25%, una **solida inorganica** per il 45% e una di origine organica, l'**humus**, per il 5%.

Verifichiamo con alcuni esperimenti quanto detto.

non solo TEORIA

Procurati un campione di suolo e mettine una quantità ben precisa, ad esempio 100 ml, in un recipiente. Versaci sopra 100 ml di acqua, osserva bene e prendi nota del volume complessivo che si ottiene.

> Nell'acqua si sono sviluppate delle bollicine. Il volume ottenuto è minore della somma dei due volumi iniziali, quello del suolo più quello dell'acqua: **volume totale < (100 + 100) ml**

Le bollicine ci confermano che **il suolo contiene aria**, il cui spazio è stato occupato dall'acqua, ed è per questo motivo che il volume complessivo risulta minore della somma dei due volumi iniziali.

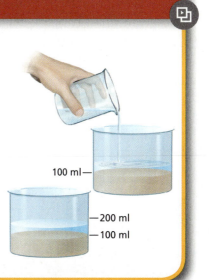

non solo TEORIA

Prendi del terreno, puliscilo da eventuali scorie e pesane 200 g esatti. Metti il terreno in un recipiente, riscaldalo sulla fiamma e osserva le pareti del recipiente. Pesa quindi il terreno riscaldato e annota il valore ottenuto.

> Sulle pareti del recipiente si sono formate delle goccioline di acqua. Il peso del terreno riscaldato è inferiore a quello misurato all'inizio.

Abbiamo constatato che **il suolo contiene acqua** che con il calore è evaporata e si è condensata sulle pareti del recipiente; il peso inferiore del terreno riscaldato è un'ulteriore conferma della presenza dell'acqua.

→ La litosfera e il suolo

non solo TEORIA

Prendi del terreno e mettilo in un recipiente trasparente. Riempi quindi il recipiente quasi completamente di acqua, mescola bene il tutto, lascialo riposare un po' di tempo e osserva che cosa succede.

> Nel recipiente i vari componenti del suolo si sono separati, disponendosi a strati a seconda della loro pesantezza: sul fondo, uno strato di sassolini e ghiaia, quindi uno strato di sabbia e un terzo di argilla, poi uno strato di acqua e infine, in superficie, uno strato di materiale galleggiante, l'humus, formato da resti di animali e vegetali (rametti e foglie secche, semi, resti e rifiuti di animali).

Abbiamo constatato la presenza nel suolo di **sostanze organiche e inorganiche**.

Caratteristiche del suolo

Il suolo non è sempre e dovunque dello stesso tipo; già solo osservandone il colore ci rendiamo conto della sua composizione più o meno diversa: più sabbia e meno argilla o viceversa, più o meno humus, o ancora la presenza più o meno consistente di calcare.

La permeabilità del suolo

È la presenza o meno delle sostanze organiche e inorganiche o la diversa quantità con cui sono presenti che determina le caratteristiche di un suolo.
Le caratteristiche principali di un suolo naturale sono: la **permeabilità**, la **tessitura** e la **porosità**.
Analizziamole.

42 Astronomia e Scienze della Terra

La **permeabilità** di un suolo è la sua capacità di lasciarsi attraversare dall'acqua.

OSSERVA

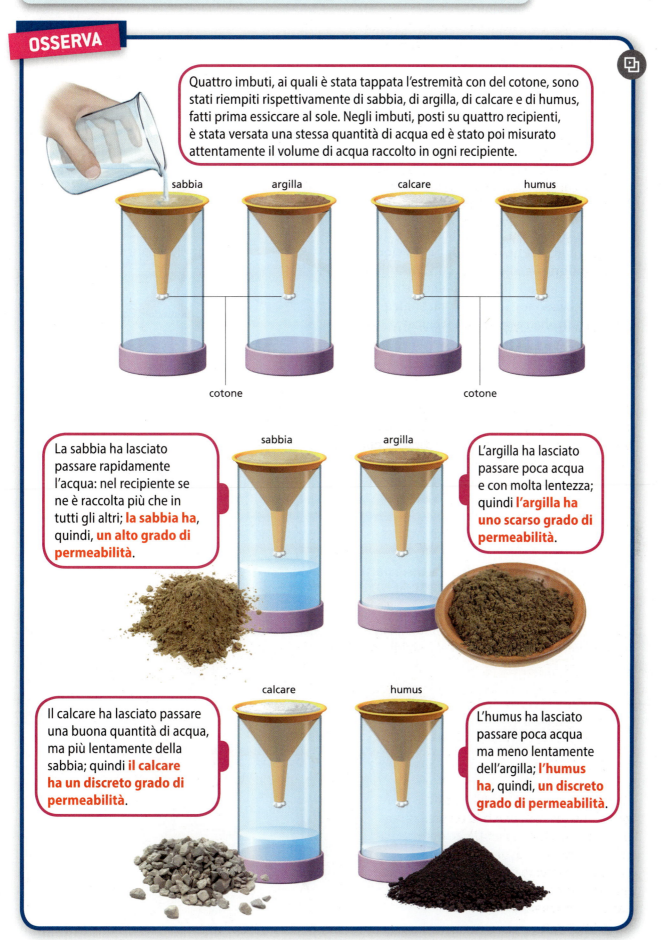

Quattro imbuti, ai quali è stata tappata l'estremità con del cotone, sono stati riempiti rispettivamente di sabbia, di argilla, di calcare e di humus, fatti prima essiccare al sole. Negli imbuti, posti su quattro recipienti, è stata versata una stessa quantità di acqua ed è stato poi misurato attentamente il volume di acqua raccolto in ogni recipiente.

La sabbia ha lasciato passare rapidamente l'acqua: nel recipiente se ne è raccolta più che in tutti gli altri; **la sabbia ha**, quindi, **un alto grado di permeabilità**.

L'argilla ha lasciato passare poca acqua e con molta lentezza; quindi **l'argilla ha uno scarso grado di permeabilità**.

Il calcare ha lasciato passare una buona quantità di acqua, ma più lentamente della sabbia; quindi **il calcare ha un discreto grado di permeabilità**.

L'humus ha lasciato passare poca acqua ma meno lentamente dell'argilla; **l'humus ha**, quindi, **un discreto grado di permeabilità**.

43

unità 3

→ La litosfera e il suolo

La tessitura indica le percentuali con cui sono presenti i vari materiali inorganici.

La miglior tessitura che rende un suolo adatto alle coltivazioni è: argilla al 10-25%, calcare al 5-12%, humus al 5-10% e sabbia al 60-70%.

Verifichiamo che il suolo contiene calcare.

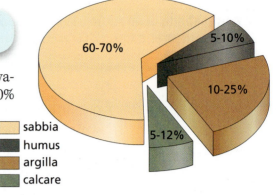

- sabbia
- humus
- argilla
- calcare

non solo TEORIA

Metti del terreno in un recipiente di vetro e aggiungi alcune gocce di acido cloridrico (**attenzione**: maneggialo con cura, in presenza di un adulto). Le bollicine indicano una produzione di anidride carbonica in seguito alla reazione tra il calcare, contenuto nel suolo, e l'acido cloridrico; nel terreno è quindi presente del calcare.

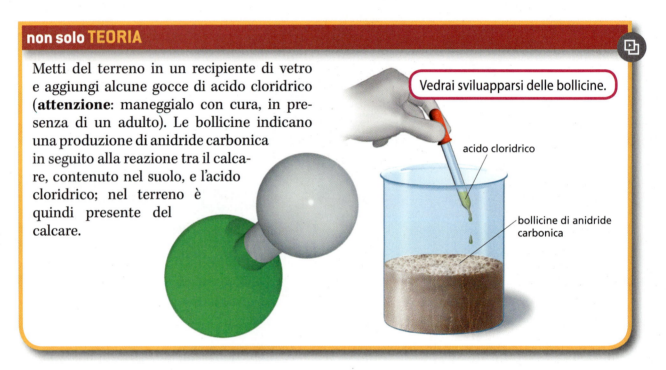

Vedrai sviupparsi delle bollicine.

acido cloridrico

bollicine di anidride carbonica

La porosità è l'esistenza di spazi tra le particelle solide.

L'esistenza di spazi tra le particelle solide è necessaria al suolo per la circolazione dell'aria e dell'acqua. Queste due componenti infatti circolano in questi spazi e occupano tanto più spazio quanto maggiori sono le dimensioni delle particelle solide.

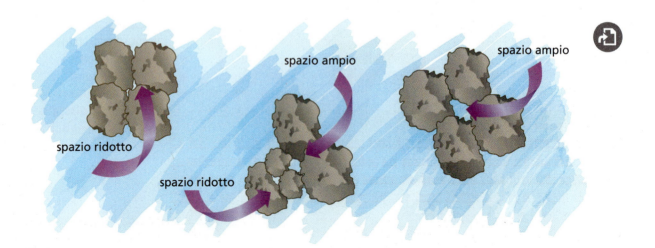

44 Astronomia e Scienze della Terra

Tipi di suolo

La diversa quantità di sostanze presenti in un suolo e il loro diverso grado di permeabilità determinano quattro tipi di suolo: **sabbioso**, **argilloso**, **calcareo** e **umifero**. Esaminiamone le principali caratteristiche.

Un **suolo sabbioso** contiene una quantità di **sabbia superiore al 65%**. È molto permeabile e, in genere, povero di sostanze nutritive; esse, infatti, sono trascinate dall'acqua in profondità, fuori dalla portata delle radici. Questo suolo risulta pertanto poco fertile per la maggior parte dei vegetali; vi crescono bene solo le piante dotate di radici lunghe, capaci di assorbire l'acqua in profondità.

Un **suolo argilloso** contiene una quantità di **argilla superiore al 30%**. È poco permeabile, trattiene l'acqua (cosa molto utile in caso di siccità) e i sali minerali che vi sono disciolti, e per questo motivo è abbastanza fertile. È molto compatto e vi crescono bene piante con radici brevi e sottili, quali le graminacee.

Un **suolo calcareo** contiene una quantità di **calcare superiore al 20%**. È discretamente permeabile e generalmente fertile, anche perché contiene calcio, elemento indispensabile alla vita delle piante. È particolarmente adatto alla coltivazione delle leguminose, dell'ulivo e della vite.

Un **suolo umifero** contiene una quantità di **humus superiore al 15%**. È generalmente umido, perché l'humus assorbe e trattiene l'acqua ed è, di conseguenza, molto fertile e adatto a qualsiasi tipo di coltivazione.

Test rapido

- Quali sono le componenti di un suolo naturale?
- Che cosa sono permeabilità, tessitura e porosità?
- Quali sono i tipi di suolo?
- Quali sono le loro caratteristiche?

unità 3

→ La litosfera e il suolo

Il profilo di un suolo naturale

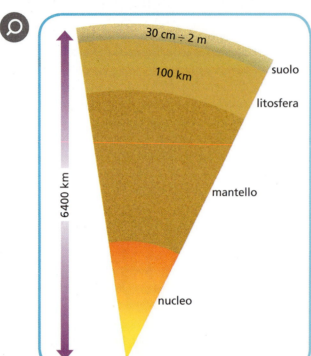

Se potessimo scavare uno spicchio della sfera terrestre, osserveremmo che:
- il suo raggio è di circa 6400 km;
- la litosfera (crosta terrestre più mantello litosferico) ha uno spessore di circa 100 km;
- il suolo naturale ha uno spessore che va dai 30 cm a pochi metri.

Il **suolo naturale** è quindi una sottile "buccia" che ricopre buona parte della superficie delle terre emerse. Se, in questa sottile buccia, scaviamo una buca piuttosto regolare con una parete verticale, possiamo osservare il susseguirsi degli strati che compongono il suolo, ovvero il suo **profilo**.

Il profilo di un suolo naturale è formato da cinque strati, detti esattamente **orizzonti pedologici**: **orizzonte 0** o **lettiera**; **orizzonte A** o **orizzonte umifero**; **orizzonte B** o **orizzonte dei minerali**; **orizzonte C** o **zona di transizione**; **roccia madre**.

0 La **lettiera** è la parte più superficiale, formata da foglie, rametti, semi, frutta e materiale proveniente da organismi viventi non ancora decomposti.

A L'**orizzonte umifero** è lo strato di humus; qui tutto il materiale organico viene decomposto e si mescola ai frammenti di terreno grazie all'infaticabile opera di piccoli animali, quali i lombrichi, che ingoiano terra e sostanze organiche e, dopo la digestione, le restituiscono al terreno ancora più ricche di sostanze nutritive.

B L'**orizzonte dei minerali** è uno strato già inerte, scarsamente ossigenato, con pochissimo humus, costituito soprattutto da minerali, indispensabili alla vita delle piante. Qui arrivano solo le radici delle piante più grandi.

C La **zona di transizione**, tra suolo e sottosuolo, è la zona dove troviamo frammenti di roccia sempre meno disgregati.

D La **roccia madre** è la parte dura e compatta da cui prende origine, come abbiamo visto, tutto il suolo.

0: lettiera
A: orizzonte umifero
B: orizzonte dei minerali
C: zona di transizione
D: roccia madre

Astronomia e Scienze della Terra

I primi due strati, **lettiera** e **orizzonte umifero**, formano complessivamente la **zona attiva** ricca di vita vegetale e animale.
Gli altri tre strati successivi, **orizzonte dei minerali**, **zona di transizione** e **roccia madre**, formano la **zona inerte**, scarsamente ossigenata, con pochissimo humus e di colore più chiaro.

FOCUS SU...

Il suolo è un ambiente favorevole alla vita di tanti esseri viventi. In tutti i suoli vivono, infatti, molti organismi che partecipano attivamente alla formazione e conservazione del suolo. Alcuni sono visibili a occhio nudo: coleotteri, talpe, ricci, vermi, millepiedi, ragni, insetti, formiche, molluschi, vermi e lombrichi ecc. Altri sono di dimensioni microscopiche: batteri, funghi, alghe, acari ecc. Osserva.

Batteri e **funghi microscopici** demoliscono le sostanze organiche di esseri viventi morti e le trasformano in sostanze inorganiche, rendendole così disponibili per le piante.

I **funghi** contribuiscono con le radici delle piante a consolidare il suolo.

I **vermi** si nutrono di organismi morti che decompongono e restituiscono come sali minerali utili al suolo; tra essi in particolare i lombrichi scavano profonde gallerie rimescolando il suolo e favorendo così la circolazione dell'aria e dell'acqua.

I **coleotteri**, che da larve vivono nel sottosuolo, si nutrono di organismi morti che decompongono e restituiscono come sali minerali utili al suolo.

Test rapido

- Qual è lo spessore del suolo?
- Che cosa s'intende per profilo del suolo?
- Che cosa sono e quali sono gli orizzonti pedologici?

unità 3
→ La litosfera e il suolo

Il suolo agrario

Ti sarai reso conto della diversità dei suoli esistenti sulla Terra e del fatto che alcuni sono più adatti di altri alla crescita della vegetazione.
L'uomo ha imparato ben presto a riconoscere i tipi di suolo più adatti alla coltivazione e anche a sfruttare i suoli secondo le proprie esigenze, rendendoli più fertili. Arando, dissodando, irrigando e concimando l'uomo ha, infatti, modificato il suolo naturale che si è così trasformato in **suolo agrario**, o **agricolo**, un suolo più ricco di sostanze nutritive e quindi più adatto alla produzione agricola.

Il **suolo agrario**, frutto dell'intervento dell'uomo, raggiunge al massimo i 70 cm di profondità e ha un profilo diverso da quello del suolo naturale. Un suolo agrario è considerato fertile se contiene un'opportuna quantità di sali minerali (soprattutto azoto, fosforo e potassio), se è soffice per permettere una buona aerazione e una perfetta circolazione dell'acqua, se non è né troppo compatto né eccessivamente permeabile, e soprattutto se ha una buona tessitura.

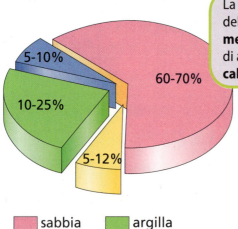

La **tessitura**, come abbiamo già visto, è il rapporto tra i vari componenti del suolo. Quella che rende un suolo particolarmente fertile, **suolo di medio impasto** o **terra franca**, è data da una proporzionata miscela di argilla, calcare, humus e sabbia, esattamente: **argilla al 10-25%, calcare al 5-12%, humus al 5-10% e sabbia al 60-70%**.

Tecniche agronomiche

Per rendere adatto un terreno alle esigenze delle piante da coltivare, l'uomo attua periodicamente una serie di **tecniche agronomiche** che riguardano la sistemazione del terreno e la sua fertilizzazione, ovvero l'uso di fertilizzanti per restituire al terreno i sali minerali di cui necessitano le nuove piante.
Per rendere fertile un terreno si ricorre a varie pratiche, fra le quali la **concimazione**, la **rotazione delle colture** e il **sovescio**.

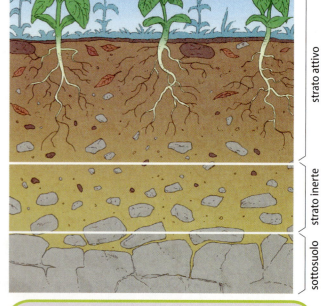

Il **profilo di un suolo agrario** è costituito solo da due strati: lo **strato attivo**, superficiale e ricco di humus, raggiunto dall'aratro, e lo **strato inerte**, già sottosuolo, compatto e povero di sostanze nutritive.

Astronomia e Scienze della Terra

La concimazione

La concimazione prevede l'uso di **concimi** o **fertilizzanti** che possono essere naturali o artificiali. Sono concimi naturali o organici il **letame** e il **guano**. Il **letame** è costituito dagli escrementi di animali bovini ed equini, mescolati alla paglia della lettiera. Ha bisogno di "maturare" per circa sei mesi in concimaia e, in media, un bovino di 600-700 kg produce, in un anno, 110-120 quintali di letame maturo.

Il **guano** è costituito dall'accumulo nel tempo di escrementi di uccelli marini. A partire dalla seconda metà dell'Ottocento l'uomo ha incominciato a usare in agricoltuta i composti minerali e, in seguito, ha imparato a produrre artificialmente i **concimi chimici** che si distinguono in **azotati**, se ricchi di azoto, **fosfatici**, se ricchi di fosforo, e **potassici**, se ricchi di potassio. I concimi chimici se da un lato presentano il vantaggio di fornire, in un piccolo volume, quantità notevoli di sali minerali in forma direttamente utilizzabile dalle piante, dall'altro lato possono causare danni ambientali se usati in modo scorretto o in quantità eccessiva. Effetti negativi di un uso squilibrato dei concimi chimici sono l'inquinamento del suolo e, di conseguenza, delle falde acquifere con estremo pericolo per l'acqua potabile e l'**eutrofizzazione** delle acque.

Accumuli di guano.

Concimazione con letame.

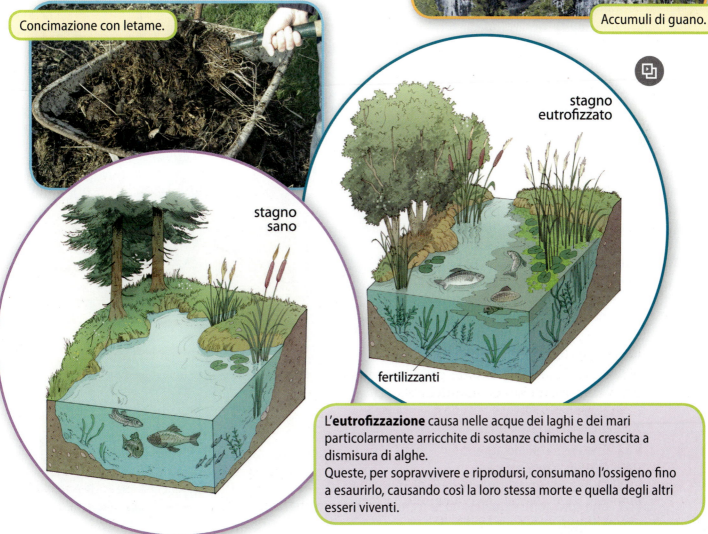

L'**eutrofizzazione** causa nelle acque dei laghi e dei mari particolarmente arricchite di sostanze chimiche la crescita a dismisura di alghe.
Queste, per sopravvivere e riprodursi, consumano l'ossigeno fino a esaurirlo, causando così la loro stessa morte e quella degli altri esseri viventi.

unità 3 → La litosfera e il suolo

La rotazione delle colture

La rotazione delle colture consiste nell'**avvicendamento**, su uno stesso terreno, **di tre o quattro colture diverse e con differenti esigenze nutritive**, in modo che ogni tipo di pianta venga coltivato ogni tre o quattro anni.

Tale tecnica è basata sull'alternanza di: **colture preparatrici**, quelle che lasciano il terreno in buone condizioni di fertilità come il granoturco, la patata e la barbabietola; **colture depauperanti** o **sfruttanti**, quelle che lasciano il terreno meno fertile come il frumento, l'orzo e l'avena; **colture miglioratrici**, quelle che aumentano la fertilità come le leguminose da prato, quali il trifoglio e l'erba medica.

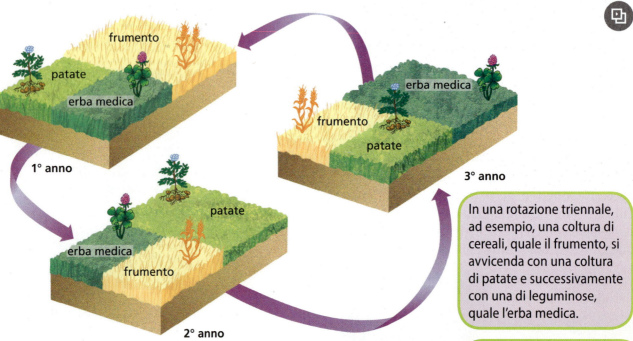

In una rotazione triennale, ad esempio, una coltura di cereali, quale il frumento, si avvicenda con una coltura di patate e successivamente con una di leguminose, quale l'erba medica.

Vista aerea di campi coltivati, Gauteng, Sud Africa.

Il sovescio

Il **sovescio** consiste nella coltivazione e nel successivo interramento di tipi diversi di piante in un terreno che è stato troppo sfruttato.

Queste piante, a completo sviluppo, non vengono raccolte ma vengono sotterrate mediante aratura e rimescolate con il terreno; in questo modo si crea nuovo humus che va ad arricchire il terreno stesso. Adatte a questo scopo sono in particolare le leguminose, quali il trifoglio, la favetta, il lupino e l'erba medica, perché arricchiscono il terreno di azoto, importante per la coltivazione dei cereali.

Test rapido

- Che cos'è il suolo agrario?
- Qual è il suo profilo?
- Che cos'è la tessitura di un suolo agrario?
- Che cosa sono e quali sono le tecniche agronomiche?

Inquinamento del suolo

Si parla spesso d'inquinamento dell'acqua e dell'aria; purtroppo le varie attività dell'uomo possono determinare anche l'**inquinamento del suolo**, un fenomeno di alterazione della composizione naturale del suolo causato dall'uso spesso inadatto e irrispettoso che ne facciamo.

Le cause dell'inquinamento del suolo sono, in parte, le stesse che interessano l'acqua e l'aria. Parte degli inquinanti dell'aria ricadono infatti sul suolo e l'acqua della pioggia finisce con il depositarne altri ancora, rendendo il suolo il raccoglitore di tutti gli inquinanti atmosferici.
Le due cause specifiche d'inquinamento del suolo sono: l'**uso di sostanze nocive nell'agricoltura** e i **rifiuti**.

Le sostanze nocive nell'agricoltura
I prodotti chimici comunemente usati in agricoltura aggiungono al suolo **fosfati**, **nitrati** e **veleni** in genere, che non soltanto sono pericolosi per la salute di tutti gli esseri viventi, ma provocano uno squilibrio nell'ambiente naturale in quanto eliminano anche tutti i microrganismi e gli insetti utili.

I rifiuti
Un grave problema è rappresentato dai **rifiuti non biodegradabili**, che non vengono cioè decomposti dai microrganismi. Essi deturpano l'ambiente e, soprattutto, distruggono l'equilibrio naturale.
I **rifiuti biodegradabili** invece, quando sono in quantità eccessiva, diventano il regno di batteri, topi, scarafaggi e parassiti vari che possono arrecare gravi danni alla salute dell'uomo. Il loro continuo aumento ha ormai creato il problema dello smaltimento, tanto più grave quanto maggiore è la velenosità dei rifiuti stessi.

unità 3

→ La litosfera e il suolo

Ambiente: il problema rifiuti

Secondo una statistica di Legambiente e dell'Agenzia europea per l'ambiente, ogni cittadino europeo produce, in media, **più di 500 kg di rifiuti** all'anno.

I rifiuti, sostanze e oggetti di cui vogliamo o dobbiamo disfarci, si distinguono in **rifiuti solidi urbani (RSU)**, **rifiuti speciali (RS)** e **rifiuti pericolosi (RP)**.

RSU	• Rifiuti domestici, anche ingombranti, che provengono da locali e luoghi di civile abitazione. • Rifiuti non pericolosi provenienti da locali vari. • Rifiuti provenienti dalla pulizia delle strade, delle aree verdi. • Rifiuti che sono abbandonati sulle strade, nelle aree pubbliche, sulle spiagge e lungo i corsi d'acqua.
RS	• Rifiuti che provengono da attività agricole, industriali, artigianali, commerciali, di servizio e sanitarie. • Rifiuti provenienti da attività di demolizione, costruzione e scavo. • Macchinari e apparecchiature deteriorati o vecchi. • Veicoli e loro parti.
RP	Rifiuti che possono causare danni o morte di esseri viventi o rischi per l'ambiente. Si tratta, in generale, di rifiuti contaminati da sostanze tossiche derivate da prodotti delle pulizie, batterie, cosmetici, fertilizzanti, pesticidi, armi nucleari e chimiche, farmaci, impianti di lavaggio a secco.

In Italia la media dei rifiuti per persona si aggira intorno ai 470 kg all'anno, cioè circa 1,3 kg di rifiuti al giorno.
Osserva nel disegno a lato che cosa troviamo, in genere, in un sacchetto della nostra spazzatura.

Che fine fa tutta questa spazzatura?
Attualmente i rifiuti vengono accumulati in località appositamente attrezzate, le **discariche**, oppure bruciati in appositi impianti, gli **inceneritori**.

Nelle discariche controllate i rifiuti vengono accumulati, pressati e trattati con sostanze che impediscono il proliferare di topi e insetti.

Purtroppo esistono moltissime discariche abusive che costituiscono l'habitat ideale per animali e microrganismi patogeni e sono causa di inquinamento delle falde acquifere, perché le sostanze tossiche prodotte dai rifiuti filtrano attraverso il terreno raggiungendo le acque sotterranee.

Anche gli inceneritori presentano molti problemi perché i fumi da essi prodotti contengono sostanze tossiche che causano gravi forme di inquinamento. Questa enorme valanga di rifiuti è il frutto di un modo di vivere le cui conseguenze si ripercuotono sulla natura e su tutti noi.

— rifiuti di cucina 27%
— carta e cartone 25%
— plastica 10%
— vetro 10%
— metallo 8%
— materiali tessili 7%
— polveri e ceneri 7%
— altri materiali 6%

52 Astronomia e Scienze della Terra

Che cosa si può fare per salvare l'ambiente?

Ridurre, riutilizzare e riciclare.

- **Ridurre la quantità di rifiuti** che produciamo, diminuendo all'origine i nostri consumi, o consumando cose il cui scarto non sia eccessivo o sia il meno voluminoso possibile. Pensa ai nostri acquisti in confezioni, scatole, buste, lattine, bottiglie, imballaggi... inutilizzabili, ingombranti e superflui. E ancora, pensa a giornali, riviste, libri e quaderni buttati; piatti, bicchieri, tovaglioli e tutti gli altri oggetti che appartengono alla categoria dell'usa e getta, rifiuti! La cultura dell'usa e getta si è talmente diffusa che siamo ormai tutti schiavi delle abitudini deleterie del consumismo e dello spreco.

- **Riutilizzare il più possibile** ciò che compriamo. Per i nostri acquisti scegliamo prodotti che abbiano la maggiore durata possibile; invece di buttare ripariamo ciò che si rompe, riutilizziamo sacchetti, borse e contenitori, regaliamo vestiti, borse o altri oggetti ancora in buono stato.

- **Ricicliamo i rifiuti**: dobbiamo considerare i rifiuti non come cose da eliminare e basta, ma come qualcosa da rielaborare e **utilizzare come fonte di materie prime**.
  Nella massa dei rifiuti è presente di tutto: avanzi di cibo, plastica, carta, lattine, stracci, vetro, pile scariche, medicinali scaduti, parti metalliche di vari oggetti.
  Così mescolati, sono solo rifiuti, ma se operiamo la **raccolta differenziata**, potrebbero essere riutilizzati, ovvero riciclati contribuendo a salvaguardare l'ambiente e a risparmiare risorse preziose.

In Italia molti Comuni promuovono la raccolta differenziata del vetro, della plastica, delle lattine, oltre a quella della carta, delle pile e dei medicinali scaduti, ma è necessario che tutti noi collaboriamo operando in prima persona la raccolta differenziata e adeguando il nostro comportamento alle esigenze del razionale smaltimento dei rifiuti e del loro riciclaggio.

Centro di raccolta differenziata.

unità 3 — La litosfera e il suolo

fissa i concetti chiave

Che cos'è il suolo?

- Il **suolo** è la parte più superficiale della crosta terrestre, il sottile strato dove affondano le radici delle piante e vivono alcuni esseri viventi. Il suolo non alterato dall'intervento umano è detto **suolo naturale**.

Che cosa ha causato e causa ancora le modifiche della roccia in suolo?

- La dura e compatta roccia ha subìto, e subisce ancora oggi, continue modificazioni per l'**azione erosiva degli agenti atmosferici** e l'**attività degli esseri viventi** che la rendono sempre più adatta alla vita, dandole gradatamente la struttura del "suolo" che noi oggi conosciamo.

Qual è la composizione di un suolo naturale?

- Il suolo naturale è formato da una componente gassosa, l'**aria**, per il 25%, una liquida, l'**acqua**, per il 25%, una **solida inorganica** per il 45%, e una di origine organica, l'**humus**, per il 5%.

Quali sono le caratteristiche del suolo?

- Le caratteristiche principali di un suolo naturale sono: la **permeabilità**, la **tessitura** e la **porosità**.
  - La **permeabilità** di un suolo è la sua capacità di lasciarsi attraversare dall'acqua.
  - La **tessitura** indica le percentuali con cui sono presenti i vari materiali inorganici.
  - La **porosità** è l'esistenza di spazi tra le particelle solide.

Quanti tipi di suolo si distinguono?

- In base alla diversa quantità di sostanze presenti in un suolo e al loro diverso grado di permeabilità si distinguono quattro tipi di suolo: **sabbioso**, **argilloso**, **calcareo** e **umifero**.
  - Un **suolo** è **sabbioso** se contiene una quantità di **sabbia** superiore al 65%.
  - Un **suolo** è **argilloso** se contiene una quantità di **argilla** superiore al 30%.
  - Un **suolo** è **calcareo** se contiene una quantità di **calcare** superiore al 20%.
  - Un **suolo** è **umifero** se contiene una quantità di **humus** superiore al 15%.

Che cos'è il profilo di un suolo?

- Il **profilo di un suolo** è il susseguirsi degli strati che lo compongono.
  Il profilo di un suolo naturale è formato da cinque strati, detti esattamente **orizzonti pedologici**: **orizzonte 0** o **lettiera**; **orizzonte A** o **orizzonte umifero**; **orizzonte B** o **orizzonte dei minerali**; **orizzonte C** o **zona di transizione**; **roccia madre**.

Che cosa s'intende per suolo agrario?

- Il **suolo agrario**, o **agricolo**, è un suolo naturale modificato dall'uomo che arando, dissodando, irrigando e concimando lo ha reso più ricco di sostanze nutritive e quindi più adatto alla produzione agricola.

Qual è il profilo di un suolo agrario?

- Il **profilo di un suolo agrario** è costituito solo da due strati: lo **strato attivo**, superficiale e ricco di humus, raggiunto dall'aratro, e lo **strato inerte**, già sottosuolo, compatto e povero di sostanze nutritive.

Che cos'è la tessitura di un suolo agrario?

- La **tessitura** è il rapporto tra i vari componenti del suolo. Quella che rende un suolo particolarmente fertile, **suolo di medio impasto** o **terra franca**, è data da una proporzionata miscela di argilla, calcare, humus e sabbia; esattamente: **argilla al 10-25%**, **calcare al 5-12%**, **humus al 5-10%** e **sabbia al 60-70%**.

Che cosa s'intende per tecniche agronomiche?

- Per rendere adatto un terreno alle esigenze delle piante da coltivare, l'uomo attua periodicamente una serie di **tecniche agronomiche** che consistono nella sistemazione del terreno e nella sua fertilizzazione.

Quali sono le principali tecniche agronomiche di fertilizzazione?

- Per rendere fertile un terreno si ricorre a varie pratiche, fra le quali la **concimazione**, la **rotazione delle colture** e il **sovescio**.
  - La **concimazione** prevede l'uso di **concimi** o **fertilizzanti** che possono essere naturali o artificiali.
  - La **rotazione delle colture** consiste nell'**avvicendamento**, su uno stesso terreno, **di tre o quattro colture diverse e con differenti esigenze nutritive** in modo che ogni tipo di pianta venga coltivato ogni tre o quattro anni.
  - Il **sovescio** consiste nella coltivazione e nel successivo interramento di tipi diversi di piante in un terreno che è stato troppo sfruttato.

54 Astronomia e Scienze della Terra

→ La litosfera e il suolo

ragiona e applica

... le conoscenze

1. Che cos'è la litosfera?
2. Quali sono le principali sostanze che formano la litosfera?
3. Che cosa si intende per suolo o terreno? E quando si dice naturale?
4. Descrivi il lento processo di formazione del suolo naturale.
5. Completa la seguente frase relativa alla composizione di un suolo naturale.

   Il suolo naturale è formato da: una componente gassosa, ..., per il ...., una liquida, ..., per il ...., una solida inorganica per il ...., e una di origine organica, ..., per il ....

6. Quali sono le principali caratteristiche del suolo?

   a. ....
   b. ....
   c. ....

7. Completa ciascuna frase scrivendo al posto dei puntini i termini "discreto", "alto" o "scarso".

   a. L'argilla ha uno .... grado di permeabilità,
   b. La sabbia ha un .... grado di permeabilità.
   c. Il calcare ha un .... grado di permeabilità.
   d. L'humus ha un .... grado di permeabilità.

8. Segna il completamento esatto. L'esistenza di spazi tra le particelle solide del suolo indica che esso presenta:

   a. buona permeabilità.
   b. buona tessitura.
   c. buona porosità.

9. Quali sono i quattro tipi di suolo? ....
   ....
   Descrivine le caratteristiche.

10. Che cos'è il profilo di un suolo?

11. Completa la seguente affermazione.

    Il profilo di un suolo naturale è formato da .... strati, detti esattamente ....; essi sono ...., ..., ... e ....

unità 3 — La litosfera e il suolo — ragiona e applica

12. Descrivi gli strati che formano il profilo di un suolo naturale.

13. Che cosa si intende per suolo agrario?

14. Completa la seguente affermazione.

Un suolo agrario raggiunge al massimo i .... di profondità, il suo profilo è costituito da .... strati: lo .... che è ....
e ricco di ...., e lo ....
che è ....

15. Quali sono i principali parametri che determinano la fertilità di un suolo agrario?

16. Quali sono le principali tecniche agronomiche che rendono fertile un terreno agricolo? Descrivile.

... le abilità

17. Osserva la figura e individua le parti che compongono il suolo.

18. Osserva l'esperimento raffigurato sotto. Che cosa vuole dimostrare? Perché? Descrivine le varie fasi.

19. Osserva i due tipi di suolo. Qual è il più poroso? Perché?

Perché ....
....
....
....

a.

b.

56 Astronomia e Scienze della Terra

20. Osserva. Negli imbuti è stata versata una stessa quantità di acqua. Tenendo conto della quantità di acqua raccolta in ciascun bicchiere, che tipo di suolo contiene ciascun imbuto?

a. ....
b. ....
c. ....
d. ....

21. Quali tipi di suolo sono rappresentati nelle seguenti figure?

a. ....
b. ....
c. ....
d. ....

22. In relazione ai quattro tipi di suolo, rispondi alle seguenti domande giustificando la tua risposta.
   a. Quale dei quattro tipi è il più fertile?
   b. In quale crescono meglio le piante dotate di lunghe radici?
   c. In quale crescono meglio le piante con radici brevi e sottili?
   d. Quale tipo è ricco di calcio?

unità 3 — La litosfera e il suolo

ragiona e applica

23. È stato fatto sedimentare del terreno e la figura a fianco ne rappresenta la situazione. Che tipo di terreno è stato fatto sedimentare? Perché?

....

Perché ....

....

....

....

- humus
- acqua
- argilla
- limo
- sabbia
- ghiaia

24. Osserva la figura e completala scrivendo i nomi dei vari strati di un suolo naturale.

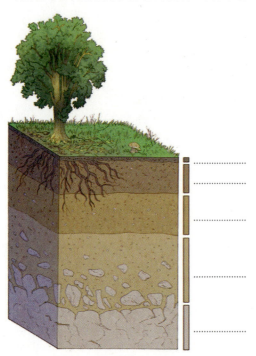

25. Osserva la figura e completala scrivendo i nomi dei vari strati di un suolo agrario.

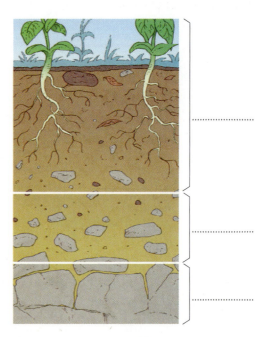

SCIENZE e Matematica

26. Un chilogrammo di suolo, dopo essere stato riscaldato, pesa 600 g. Quanta acqua conteneva? E in quale percentuale?

27. In un suolo l'humus è presente per il 20% del suo volume. Quanto humus è contenuto in 125 m³ di quel suolo?

28. Un suolo ha una superficie di 100 m² ed è profondo 25 cm. Calcolane il volume e, sapendo che ha una porosità del 25%, calcola la quantità di acqua che potrebbe assorbire.

29. In un recipiente contenente 4 dm³ di terreno è stata versata dell'acqua. Se il terreno è riuscito ad assorbire 1400 cm³ di acqua, qual è la percentuale di aria che era presente in quel terreno?

58 Astronomia e Scienze della Terra

Perché ne parliamo?

Quante volte di sera, magari in campagna o in riva al mare, hai guardato il cielo stellato?
Sarai rimasto incantato a osservare quegli infiniti puntini luminosi, le **stelle**.
Quanti ne vedi?
E perché alcuni di questi puntini sono più luminosi degli altri o sembrano più vicini degli altri?
E che cos'è una stella?
Forse qualcuno ti ha già detto che le stelle, la Terra e tanti altri corpi celesti formano l'**Universo**.
Ma che cos'è quest'Universo?
Quanto è grande?
Come si è formato?
Dicono che sia nato circa 17 miliardi di anni fa; ma se è nato, potrebbe anche morire? E noi, insieme alla Terra su cui viviamo, dove ci troviamo in questo immenso Universo?

È arrivato il momento di dare una risposta a tutte queste domande e quanto stai per leggere potrà esserti utile.
Andiamo allora alla scoperta dell'Universo.

Unità 4

DALLE STELLE ALL'UNIVERSO

Contenuti
- Stelle e galassie
- L'Universo: origine e futuro
- La Via Lattea

Prerequisiti
- Conoscere la struttura della materia
- Conoscere i concetti di massa e di energia

Obiettivi
- Conoscere e distinguere i vari tipi di galassie che formano l'Universo
- Comprendere che cos'è una stella, distinguerne i vari tipi e comprenderne l'origine e la fine
- Sapere che cos'è l'Universo, la sua origine e le ipotesi sul suo futuro
- Conoscere la nostra Galassia e le sue principali caratteristiche

unità 4 Stelle e galassie

Nello sconfinato spazio che si estende intorno a noi, dove è collocata la Terra? Il pianeta su cui viviamo, come sai, è immerso nell'**Universo**; ma che cos'è l'Universo? Per rispondere a questa domanda proviamo a "guardare" lo spazio che ci circonda.

In una limpida e buia notte, lontano dalle luci della città, guardiamo la volta celeste: un'infinità di **stelle** colpirà i nostri occhi. Quante? A occhio nudo ne vedremo circa 3000-4000, un numero assai piccolo rispetto alle centinaia di miliardi di stelle che costellano la volta celeste.

Tutte queste stelle non sono disposte a caso ma sono riunite in gruppi detti **galassie**.

> Le **galassie** sono giganteschi agglomerati di stelle che costituiscono un sistema a sé stante che viene detto anche universo-isola.

Le galassie presentano struttura e composizione molto diverse fra loro; in base alla forma, si dividono in quattro gruppi.

Galassia ellittica: di forma ovoidale più o meno appiattita.

Galassia a spirale: da un nucleo centrale si dipartono più bracci.

Galassia irregolare: senza alcuna forma ben definita.

Galassia a spirale barrata: il nucleo è tagliato diametralmente da una banda luminosa.

Il numero di galassie osservabili con i più potenti radiotelescopi è di alcuni miliardi; esse sono sparse entro un raggio di circa 9 miliardi di anni luce (un **anno luce** rappresenta la **distanza che la luce percorre in un anno**, uguale a circa 9460 miliardi di chilometri).

Le galassie più vicine a noi sono la **Grande** e la **Piccola Nube di Magellano**, distanti rispettivamente 60 000 e 150 000 anni luce; entrambe orbitano attorno alla nostra Galassia. Lontanissima, oltre 2 milioni di anni luce, ma visibile a occhio nudo è la **galassia di Andromeda** che contiene più di 300 miliardi di stelle.

Le stelle

Ma che cosa sono questi miliardi di stelle che formano una galassia?

> Una **stella** è un corpo celeste che brilla di luce propria, formato da un agglomerato di materia allo stato gassoso (75% di idrogeno, 20% di elio e tracce di altri elementi quali l'ossigeno e il carbonio) in grado di produrre una grandissima quantità di energia.

L'energia prodotta da una stella è dovuta alle reazioni di fusione nucleare che avvengono al suo interno, dove la temperatura è elevatissima (miliardi di gradi). La luce che noi vediamo è solo una piccolissima parte di tutta l'energia di una stella. La **luminosità** di una stella è la **quantità di luce emessa nell'unità di tempo**. Quella che noi percepiamo è detta **luminosità apparente** o **relativa** e dipende dalle dimensioni, dalla temperatura e dalla distanza della stella. Per confrontare la luminosità delle stelle si fa riferimento alla **luminosità assoluta** che è la luminosità che si percepirebbe se le stelle fossero tutte a una stessa distanza che, per convenzione, è di 32,6 anni luce. In base alla **temperatura** e alle **dimensioni** abbiamo due classificazioni delle stelle.

La stella supergigante Antares.

Dimensioni	Grandezza rispetto al Sole	Esempio
Supergiganti	almeno 300 volte più grandi	Antares
Giganti	almeno 100 volte più grandi	Aldebaran
Medie	all'incirca come il Sole	Sole
Nane	almeno 100 volte più piccole	Sirio

Colore	Temperatura	Esempio
Rosse	da 3000 a 4000 °C	Antares
Arancioni	da 4000 a 5000 °C	Aldebaran
Gialle	da 5000 a 6000 °C	Sole
Bianche	da 6000 a 11 000 °C	Sirio
Azzurre	da 11 000 a 50 000 °C	Iota

→ Dalle stelle all'Universo

Una stella nasce e... muore

Nello spazio cosmico sono presenti vaste zone, dette **nubi interstellari** o **nebulose**, dove si ha una concentrazione elevata di polvere e atomi di gas (prevalentemente idrogeno). Si presentano come masse scure dalle forme curiose o coloratissime a causa della luce proveniente dalle stelle vicine. In queste nebulose, a un certo punto le varie particelle iniziano a "**collassare**", cioè ad addensarsi a causa della reciproca attrazione gravitazionale. Si concentrano così in una zona dove la forza di attrazione aumenta sempre più causando su di essa una continua "caduta" di particelle della nebulosa: si ha il cosiddetto **collasso gravitazionale**. Urti e forza gravitazionale generano sempre maggiori quantità di energia e calore dando origine così a un globo, detto **protostella**, in cui si raccoglie quasi tutta la massa della nebulosa. In questa protostella la massa si concentra sempre più e diventa sempre più calda finché l'interno, il nucleo della protostella, raggiunge temperature elevatissime (fino a 10 milioni di gradi), tali da innescare la reazione di **fusione nucleare**: i nuclei degli atomi di idrogeno si fondono fra loro, dando origine ad atomi di elio e a una enorme quantità di energia. È "nata" una **stella**. In un arco di tempo che può essere anche di milioni di anni, dalla nebulosa nasce così una stella le cui dimensioni e la cui stabilità sono il risultato dell'equilibrio tra la tendenza a contrarsi (per effetto dell'attrazione gravitazionale) e quella a espandersi (per effetto delle reazioni nucleari).

Una nebulosa farfalla.

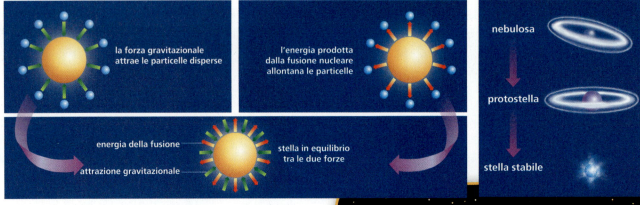

Alimentata dalle reazioni nucleari che avvengono al suo interno, una stella passa circa il 90% della sua vita nelle condizioni che ha al momento della sua nascita. Quando tutto l'idrogeno del nucleo si è trasformato in elio, le reazioni nucleari però cessano e, a questo punto, la stella perde la sua stabilità, perché la forza gravitazionale prevale facendola contrarre. Il forte riscaldamento che ne deriva svilupperà temperature tali da innescare altre reazioni nucleari che provocheranno la dilatazione della stella e quindi la **morte** della stella stessa che avverrà con entità e fasi diverse secondo la sua massa iniziale.

Una protostella.

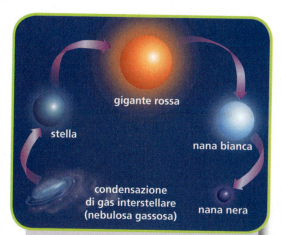

- Una stella con **massa superiore a quella del Sole** si espande, si raffredda e si trasforma in una **supergigante rossa** che muore in modo spettacolare. Essa si contrae e ciò causa un aumento di temperatura che innesca altre reazioni nucleari con formazione di atomi pesanti (sodio, magnesio, silicio, zolfo, ferro).
La stella quindi esplode con violenza e si trasforma in una stella di forte luminosità, una **nova** o **supernova**. Nell'arco di qualche mese però l'esplosione si esaurisce e la parte più interna della stella inizia a contrarsi innescando nel nucleo altre reazioni nucleari. Alla fine restano solo dei neutroni che, opponendosi alla contrazione, danno alla stella una nuova stabilità sotto forma di **stella di neutroni**, piccola e densissima.

- Una stella con **massa simile o inferiore a quella del Sole** si espande, si raffredda e si trasforma in una **gigante rossa**. Durante l'espansione gli strati più esterni si disperdono nello spazio: alla fine rimane solo il nucleo e la stella si trasforma in una **nana bianca**. Lentamente essa consuma tutto il suo combustibile e, cessata ogni reazione, diventa un punto nero nello spazio: una **nana nera**.

Una supernova.

Una stella di neutroni non è mai stata osservata direttamente; ciò che si vede è una luce pulsante generata dai neutroni in rotazione; per questo motivo essa è detta anche "**pulsar**".

- Se la stella ha una **massa particolarmente grande**, la sua fine è ancora diversa. La contrazione che l'ha portata a diventare una stella di neutroni non si arresta e alla fine la stella si riduce a un corpo talmente piccolo... da non avere più volume, ma con una densità talmente alta da attirare qualsiasi corpo vicino, che rimane intrappolato e non può più sfuggire. Per questo motivo si parla di **buco nero**, destinato a inghiottire qualsiasi forma di materia in un "pozzo senza fondo"; la materia è talmente condensata e la forza di gravità è così forte che neanche la luce può sfuggire e ciò rende i buchi neri invisibili.

Un buco nero.

Test rapido

- Che cosa sono le galassie?
- Quanti tipi di galassie ci sono?
- Che cos'è una stella?
- Come nasce e come muore una stella?

→ Dalle stelle all'Universo

L'Universo: origine e futuro

Questi giganteschi agglomerati di stelle, le galassie, sono riuniti a formare degli **ammassi** di galassie. L'ammasso delle Vergini, che si trova a circa 65 milioni di anni luce da noi, comprende quasi 3000 galassie; l'ammasso del Gruppo Locale (gruppo di galassie di cui fa parte anche la nostra galassia) comprende più di 30 galassie.
L'insieme di tutti questi ammassi di galassie, separati da un immenso spazio cosmico, **forma l'Universo**.
Ma come si è formato questo immenso Universo?

Le conoscenze acquisite di quanto avviene nello spazio cosmico hanno permesso agli scienziati di ipotizzare qualche risposta sull'origine dell'Universo.
Tra le varie teorie avanzate, la più accreditata è quella del **Big Bang**, il grande scoppio da cui ha avuto origine l'Universo, che si basa su un presupposto fondamentale: l'**Universo è in continua espansione**.

Analizzando lo spettro della luce che proviene dalle varie galassie, si è scoperto che **tutte le galassie si allontanano l'una dall'altra** con una **velocità tanto maggiore quanto più sono lontane tra loro**. Si parla, infatti, di **teoria dell'Universo in espansione**.

L'ammasso delle galassie Abell, 1689.

OSSERVA

Su un palloncino ancora sgonfio, che rappresenta il nostro Universo, abbiamo disegnato dei puntini, cioè le varie galassie.

Gonfiando il palloncino tutti i puntini si allontanano l'uno dall'altro e tale allontanamento è maggiore per i puntini tra loro più distanti.

64 Astronomia e Scienze della Terra

Tutte le galassie si allontanano quindi tra loro e l'Universo si espande. Se immaginassimo allora di andare indietro nel tempo per miliardi di anni, troveremmo tutte queste galassie sempre più vicine e l'Universo sempre più concentrato in una sfera relativamente piccola e quindi di densità e calore enormi: un "**atomo primordiale**".

L'Universo era un "atomo primordiale".

Circa 17 miliardi di anni fa questo atomo primordiale subì una gigantesca esplosione, il cosiddetto **Big Bang**.
Questa esplosione scaraventò nello spazio materia ed energia sotto forma di particelle elementari, che dopo pochi secondi si erano già differenziate in protoni, neutroni ed elettroni, a una temperatura di almeno 100 miliardi di gradi (già molto più bassa di quella iniziale!).
E mentre l'espansione progrediva, sotto l'azione della gigantesca esplosione, il volume dell'Universo cresceva e la temperatura si abbassava.

 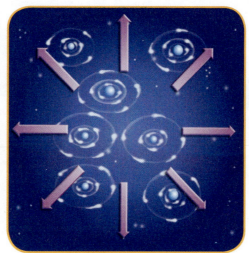 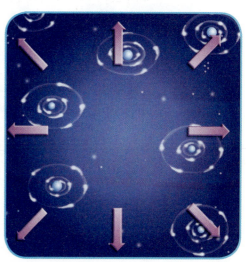

Quando la temperatura scese al di sotto di un certo valore, iniziarono a formarsi le **prime stelle**, fu poi la volta delle **prime galassie** e circa 17 miliardi di anni fa, con l'evoluzione delle galassie, **nasceva l'Universo**, che cominciò a prendere la configurazione che ha oggi, espandendosi sempre più e continuando a espandersi tutt'ora.

Scienziati si diventa

65

unità 4 → Dalle stelle all'Universo

E quale sarà il futuro dell'Universo?
Le teorie più attendibili che gli scienziati hanno formulato sul futuro dell'Universo sono tre: **la teoria dell'Universo aperto, la teoria dell'Universo stazionario** e **la teoria dell'Universo chiuso o oscillante**.

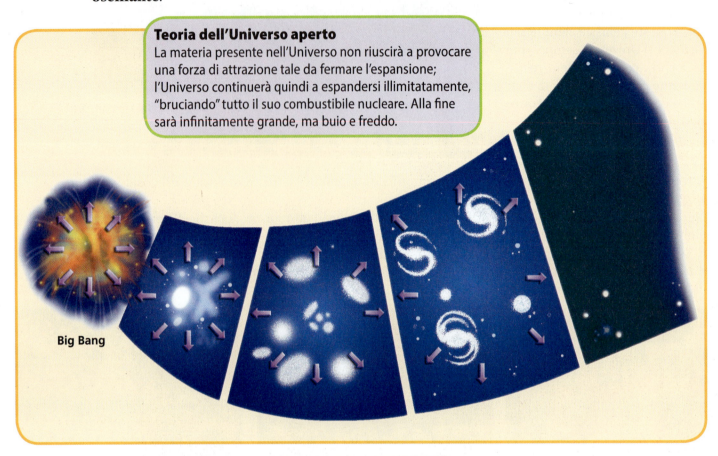

Teoria dell'Universo aperto
La materia presente nell'Universo non riuscirà a provocare una forza di attrazione tale da fermare l'espansione; l'Universo continuerà quindi a espandersi illimitatamente, "bruciando" tutto il suo combustibile nucleare. Alla fine sarà infinitamente grande, ma buio e freddo.

Big Bang

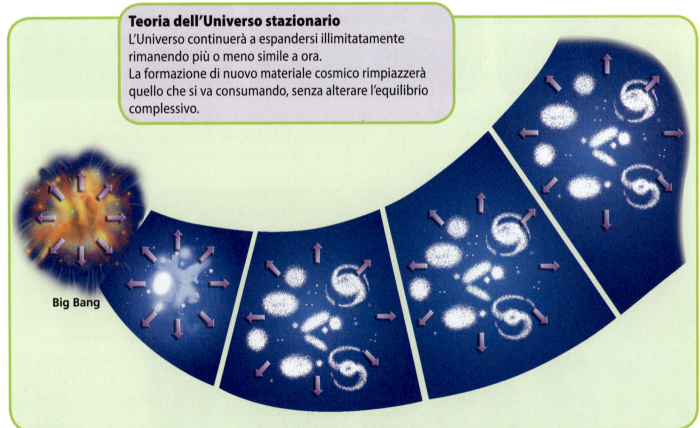

Teoria dell'Universo stazionario
L'Universo continuerà a espandersi illimitatamente rimanendo più o meno simile a ora.
La formazione di nuovo materiale cosmico rimpiazzerà quello che si va consumando, senza alterare l'equilibrio complessivo.

Big Bang

Astronomia e Scienze della Terra

Teoria dell'Universo chiuso o oscillante
Esauritasi l'energia del Big Bang, le galassie, attratte dalla loro forza di gravità, si riavvicineranno a velocità sempre maggiore fino a concentrare di nuovo l'Universo in quell'atomo primordiale da cui ha avuto inizio (**Big Crunch**). Da qui un successivo Big Bang potrebbe far ricominciare tutto... dando origine a un nuovo Universo che ciclicamente subirà le stesse fasi.

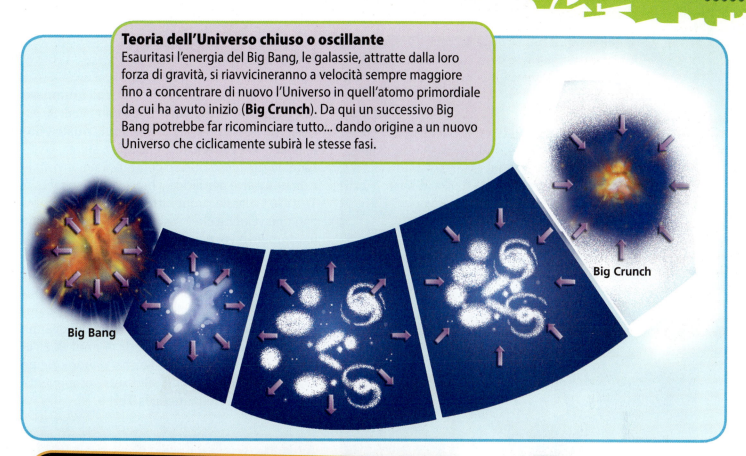

Big Bang

Big Crunch

Scienziati si diventa

Test rapido

- Che cos'è l'Universo?
- Che cosa afferma la teoria dell'Universo in espansione?
- Come si è formato l'Universo?
- Quale potrebbe essere la sua fine?

67

→ Dalle stelle all'Universo

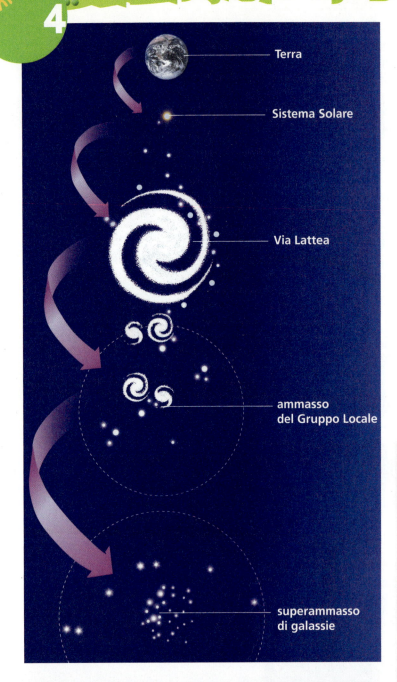

La Via Lattea

In quest'Universo, precisamente nell'**ammasso del Gruppo Locale**, un gruppo con più di 30 galassie, ne troviamo una particolare, la **nostra Galassia**, o **Via Lattea**, una galassia a spirale costituita da un denso nucleo centrale a noi invisibile e da una parte periferica, i bracci della spirale. Tutta la Galassia ruota intorno al proprio centro con una velocità che cresce verso l'interno come un immenso vortice. In periferia, quasi all'estremità di uno dei suoi bracci, a una distanza di 27 000 anni luce dal centro, troviamo il **Sole** che, come tutte le altre stelle della Galassia, ruota intorno al centro alla velocità di 250 km/s e compie un giro completo in circa 220 milioni di anni. Il Sole nasceva circa 5 miliardi di anni fa all'estrema periferia della Via Lattea, dando origine al **Sistema Solare** con i suoi vari componenti, fra i quali il nostro pianeta, la **Terra**.

La Via Lattea.

Il diametro della nostra Galassia è di circa 100 000 anni luce e il suo spessore, misurato a livello del nucleo, è di circa 20 000 anni luce.
La sua massa, circa 200 miliardi di volte quella del Sole, è concentrata quasi tutta nel nucleo e addensata a formare i 100 miliardi circa di stelle da cui è composta.
Vista di profilo è simile a un disco appiattito con un rigonfiamento in corrispondenza del nucleo.

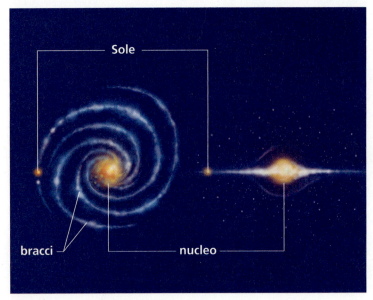

68 Astronomia e Scienze della Terra

Osservando il cielo in una notte serena ne possiamo vedere il piano centrale: quella sottile striscia di luce diffusa che solca il cielo da un lato all'altro è proprio la parte a noi visibile della Via Lattea. Le numerosissime stelle che la formano (un centinaio di miliardi) sono così addensate che i nostri occhi non sono capaci di distinguerle l'una dall'altra.

La Via Lattea visibile al crepuscolo in Texas.

Oltre alla via lattea nel cielo possiamo vedere le costellazioni

FOCUS SU...

Le osservazioni condotte dal telescopio spaziale Spitzer nel 2005 ci dicono che la Via Lattea è, in effetti, una **galassia a spirale barrata**. Quest'ipotesi ha interessato gli astronomi fin dagli anni Ottanta, ma solo nel 2005 è stata confermata e approfondita. Si è scoperto, infatti, che la barra centrale della nostra Galassia è più larga di quanto si sospettasse ed è costituita da stelle rosse circondate da gas e polveri che formano una struttura ad anello. Si è anche scoperto che il centro galattico nasconde al suo interno un oggetto di massa molto elevata che si ritiene possa essere la causa della forte emissione radio di una sorgente, nota come **Sagittarius A**, che molti indizi inducono a pensare si tratti di un buco nero.

La Via Lattea vista dall'Osservatorio Astronomico Paranal in Cile.

Test rapido

- Che cos'è la Galassia?
- Quali sono le sue principali caratteristiche?

unità 4 — Dalle stelle all'Universo

fissa i concetti chiave

Che cosa sono le galassie?

- Le **galassie** sono giganteschi agglomerati di stelle che costituiscono un sistema a sé stante che viene detto anche universo-isola.

Come possono essere le galassie?

- Le galassie possono essere:
  > **ellittiche**, di forma ovoidale più o meno appiattita;
  > **a spirale**, da un nucleo centrale si dipartono più bracci;
  > **a spirale barrata**, il nucleo è tagliato diametralmente da una banda luminosa;
  > **irregolari**, senza alcuna forma ben definita.

Che cos'è una stella?

- Una **stella** è un corpo celeste che brilla di luce propria formato da un agglomerato di materia allo stato gassoso (75% di idrogeno, 20% di elio e tracce di altri elementi quali l'ossigeno e il carbonio) in grado di produrre una grandissima quantità di energia.

Che cos'è la luminosità di una stella?

- La **luminosità** di una stella è la **quantità di luce emessa nell'unità di tempo**. Quella che noi percepiamo è detta **luminosità apparente** o **relativa** e dipende dalle dimensioni, dalla temperatura e dalla distanza della stella. Per confrontare la luminosità delle stelle si fa riferimento alla **luminosità assoluta**, che è la luminosità che si percepirebbe se le stelle fossero tutte a una stessa distanza che, per convenzione, è di 32,6 anni luce.

Come nasce una stella?

- Nello spazio cosmico sono presenti vaste zone, dette **nebulose**, dove si ha una concentrazione elevata di polvere e atomi di gas (prevalentemente idrogeno). In queste nebulose le varie particelle iniziano a "**collassare**", concentrandosi in una zona dove la forza di attrazione aumenta sempre più causando su di essa un **collasso gravitazionale** che dà origine a un globo, detto **protostella**, in cui si raccoglie quasi tutta la massa della nebulosa. In questa protostella la massa si concentra sempre più, diventando sempre più calda, finché il nucleo raggiunge una temperatura elevatissima, tale da innescare la reazione di **fusione nucleare** che determina la **nascita della stella**.

Come muore una stella?

- Una stella con **massa simile o inferiore a quella del Sole** si espande, si raffredda e si trasforma prima in una **gigante rossa**, poi in una **nana bianca**, che lentamente consuma tutto il suo combustibile e, cessata ogni reazione, diventa un punto nero nello spazio: una **nana nera**.

- Una stella con **massa superiore a quella del Sole** si espande, si raffredda e si trasforma in una **supergigante rossa** che muore in modo spettacolare: esplode con violenza e si trasforma in una stella di forte luminosità, una **nova** o **supernova**. Nell'arco di qualche mese però l'esplosione si esaurisce e nel nucleo s'innescano altre reazioni nucleari che trasformano la stella in una **stella di neutroni**, piccola e densissima.

- Se la stella ha una **massa particolarmente grande**, la contrazione che la porta a diventare una stella di neutroni non si arresta e alla fine la stella si riduce a un corpo talmente piccolo... da non avere più volume, ma con una densità talmente forte da attirare qualsiasi corpo vicino, che rimane intrappolato e non può più sfuggire: diventa un **buco nero**.

Che cos'è l'Universo?

- L'**Universo** è l'insieme di tutti gli ammassi di galassie, separati da un immenso spazio cosmico.

Che cosa afferma la teoria dell'Universo in espansione?

- La **teoria dell'Universo in espansione** afferma che tutte le galassie si allontanano l'una dall'altra con una velocità tanto maggiore quanto più sono lontane tra loro.

Come si è formato l'Universo?

- La teoria più accreditata è quella del **Big Bang**. Circa 17 miliardi di anni fa l'Universo era un atomo primordiale che subì una gigantesca esplosione, il cosiddetto **Big Bang**. Questa esplosione scaraventò nello spazio materia ed energia sotto forma di particelle elementari, che dopo pochi secondi si erano già differenziate in protoni, neutroni ed elettroni, a una temperatura di almeno 100 miliardi di gradi. Quando la temperatura scese al di sotto di un certo valore, iniziarono a formarsi le **prime stelle**, fu poi la volta delle **prime galassie** e circa 17 miliardi di anni fa con l'evoluzione delle galassie... nasceva l'Universo, che cominciò a prendere la configurazione che ha oggi, espandendosi sempre più e continuando a espandersi tutt'ora.

Qual è il futuro dell'Universo?

- Le teorie più attendibili che gli scienziati hanno formulato sul futuro dell'Universo sono tre: **la teoria dell'Universo aperto**, **la teoria dell'Universo stazionario** e **la teoria dell'Universo chiuso o oscillante**.

Che cos'è la Via Lattea?

- Nell'Universo, precisamente nell'**ammasso del Gruppo Locale**, un gruppo con più di 30 galassie, ne troviamo una particolare, la nostra **Galassia**, o **Via Lattea**, una galassia a spirale costituita da un denso nucleo centrale a noi invisibile e da una parte periferica, i bracci della spirale.

unità 4 — Dalle stelle all'Universo
ragiona e applica

... le conoscenze

1. Che cos'è una galassia?
2. Quanti e quali tipi di galassie ci sono?
3. Che cos'è una stella?
4. Che cosa si intende per luminosità apparente e luminosità assoluta di una stella?
5. Completa. Secondo la temperatura, una stella può essere:
   a. .... se la sua temperatura è ....
   b. .... se la sua temperatura è ....
   c. .... se la sua temperatura è ....
   d. .... se la sua temperatura è ....
   e. .... se la sua temperatura è ....
6. Completa. Secondo la grandezza, una stella può essere:
   a. .... se è ....
   b. .... se è ....
   c. .... se è ....
   d. .... se è ....
7. Descrivi il processo di formazione di una stella.
8. In che modo una stella va verso la sua morte?
9. Esponi la teoria dell'Universo in espansione.
10. Che cos'è il Big Bang?
11. Descrivi le tre ipotesi più attendibili circa il futuro dell'Universo.
12. Quali sono le principali caratteristiche della nostra Galassia?

... le abilità

13. Riconosci i tipi di galassia raffigurati nelle seguenti immagini.

a. .... b. .... c. ....

14. Segna il completamento esatto. La grande quantità di energia prodotta da una stella è dovuta:
    a. alle reazioni di fissione nucleare che avvengono al suo interno.
    b. alle reazioni di natura elettrica che avvengono al suo interno.
    c. alle reazioni di fusione nucleare che avvengono al suo interno.

unità 4 — Dalle stelle all'Universo — ragiona e applica

15. Indica che tipo di stella (rossa, arancione, gialla, bianca o azzurra) è una stella avente una temperatura di:

   a. 5750 °C ....
   c. 10500 °C ....
   b. 3000 °C ....
   d. 42000 °C ....

16. La stella Aldebaran è una gigante arancione. Ipotizza le sue caratteristiche per quanto riguarda la sua grandezza rispetto al Sole e la sua temperatura.

17. La stella Betelgeuse è circa 1000 volte più grande del Sole e ha una temperatura di 3226,85 °C. Che tipo di stella è?

18. Che cosa rappresenta la figura a fianco? Completala inserendo i termini richiesti.

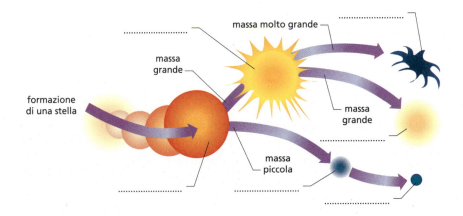

19. Segna il completamento esatto. Le galassie si allontanano tra loro:

   a. tanto meno velocemente quanto più sono vicine;
   b. tanto più velocemente quanto più sono vicine;
   c. alla stessa velocità.

20. Per quale motivo è ipotizzabile che migliaia di milioni di anni fa l'Universo fosse concentrato in una sfera relativamente piccola e quindi di densità e calore enormi?

21. Quali teorie sulla fine dell'Universo rappresentano le seguenti figure? Individuale e descrivile nell'apposito spazio.

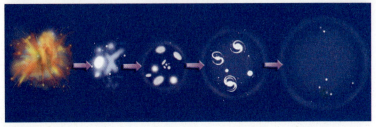

a. ....
....
....
....

b. ....
....
....
....

72 Astronomia e Scienze della Terra

Perché ne parliamo?

Abbiamo "scoperto" l'Universo e stiamo per approdare nel **Sistema Solare**, il sistema planetario che ci ospita. Sai come si è formato?

Tutto merito di una stella gialla di media grandezza, il nostro **Sole**, che circa 5 miliardi di anni fa si è accesa nella nostra Galassia.

Sarà interessante scoprire come tutto ciò è avvenuto!

E sarà interessante anche scoprire i corpi celesti che costituiscono, assieme alla Terra, il Sistema Solare: tutti gli altri pianeti, gli asteroidi, le comete, i meteoriti e le meteore. Sai che cosa sono?

Hai mai visto una cometa? Uno spettacolo affascinante di cui sicuramente ti sarai chiesto la provenienza.
E le meteore? Le avrai sicuramente osservate: sono le stelle cadenti, e adesso potrai capire che cosa sono esattamente.

Unità
5

IL SISTEMA SOLARE

Contenuti
- Il Sole e l'origine del Sistema Solare
- Il Sistema Solare: i pianeti
- Gli altri corpi del Sistema Solare

Prerequisiti
- Conoscere le caratteristiche di una stella
- Conoscere il moto e le sue leggi

Obiettivi
- Conoscere le caratteristiche del Sole
- Conoscere il Sistema Solare e capire l'ipotesi della sua formazione
- Conoscere le caratteristiche dei componenti del Sistema Solare
- Conoscere le leggi di Keplero e capirne le implicazioni

unità 5 Il Sole e l'origine del Sistema Solare

Distante dalla Terra appena 150 milioni di chilometri, il Sole ci appare come un'enorme palla di "fuoco" proprio per questa sua vicinanza; in effetti, è solo una **stella gialla di media grandezza**.
Come ogni stella, il Sole è composto per circa il 75% di idrogeno e per il 20% di elio; contiene inoltre tracce di altri elementi quali l'ossigeno, il carbonio e l'azoto.
La massa del Sole è quasi 323 000 volte più grande di quella della Terra e la forza di gravità che agisce sulla sua superficie è 28 volte quella terrestre.
Il Sole ruota su se stesso attorno al proprio asse, **rotazione siderale**, in un periodo medio di 25 giorni; tale rotazione avviene infatti in tempi diversi a seconda della latitudine: in circa 25 giorni all'equatore e in circa 35 giorni ai poli.

Procedendo dall'interno verso l'esterno, il Sole è formato dal **nucleo**, dalla **zona radiattiva** e dalla **zona convettiva**. Nella parte più esterna troviamo l'**atmosfera solare** che comprende la **fotosfera**, la **cromosfera** e la **corona solare**.

La superficie visibile a occhio nudo è la **fotosfera**, uno strato di circa 500 km di spessore con una temperatura di circa 6000 °C. Essa presenta un aspetto granulare a causa delle colonne di gas incandescente che fuoriescono dall'interno del Sole.
Sempre nella fotosfera sono visibili le **macchie solari**, immensi vortici di gas a una temperatura più bassa (circa 4000 °C) rispetto a quella delle zone circostanti.

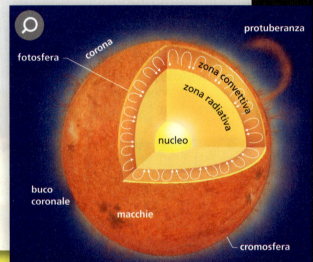

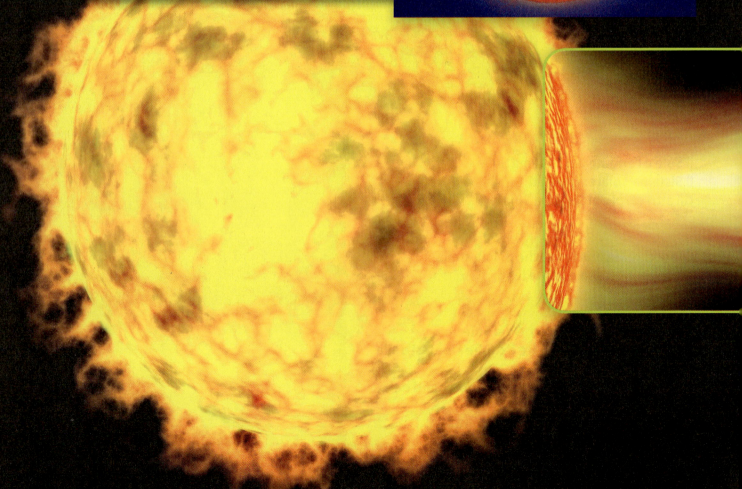

Il primo a osservare le macchie solari fu Galileo nel 1611. Più recentemente lo studio della posizione di queste macchie solari con i moderni telescopi ha permesso di calcolare il periodo di rotazione del Sole attorno al proprio asse. Quando le macchie solari sono molto attive, nello spazio si liberano grandi quantità di particelle e di radiazioni che causano tempeste magnetiche, creando disturbi alle telecomunicazioni. Queste particelle possono inoltre essere attirate dal campo magnetico terrestre e dare origine al fenomeno delle aurore polari.

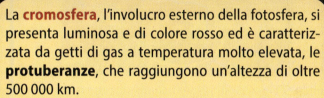

La **cromosfera**, l'involucro esterno della fotosfera, si presenta luminosa e di colore rosso ed è caratterizzata da getti di gas a temperatura molto elevata, le **protuberanze**, che raggiungono un'altezza di oltre 500 000 km.
La parte più esterna dell'atmosfera solare è la **corona solare**, costituita da gas ionizzati e molto rarefatti; essa non è uniforme ma risulta formata da lunghissimi pennacchi variamente distribuiti. Tale distribuzione dipende dall'attività solare che, in un periodo di 11 anni, raggiunge il suo massimo e il suo minimo.

Dalla **corona solare** si espande in tutto lo spazio il cosiddetto **vento solare**, costituito da un flusso di particelle (in prevalenza protoni ed elettroni) che, sfuggite alla gravitazione del Sole, si irradiano dalla fotosfera arrivando al limite dell'atmosfera terrestre.
Quando il vento solare raggiunge la Terra ha una velocità che varia dai 200 km/s ai 900 km/s e causa interazioni con il campo magnetico terrestre nel quale provoca forti perturbazioni.

La parte più interna del Sole è il **nucleo**.
Qui la temperatura è altissima, circa 20 milioni di gradi; il nucleo è infatti la sede in cui avvengono le reazioni nucleari di fusione, dalle quali si libera un'enorme quantità di energia.
Quest'energia attraversa per irraggiamento la **zona radiattiva**, si propaga per convezione nella **zona convettiva** e si irradia infine nello spazio sotto forma di luce e calore.

→ Il Sistema Solare

L'origine del Sistema Solare

Siamo nell'estrema periferia di uno dei bracci della Via Lattea dove, circa 5 miliardi di anni fa, nasceva il **Sole**, una stella come tante, che darà però vita a un sistema planetario, il **Sistema Solare**.
In che modo? Che cosa è successo nella nostra Galassia?

Un'enorme nube di gas e polvere cosmica generata dal Big Bang, detta **nebulosa planetaria** o **primordiale**, comincia a "collassare", cioè si addensa sempre più al centro e, iniziando a ruotare velocemente, assume la forma di un disco.

Contraendosi verso il centro, per effetto delle enormi pressioni, si scalda sempre più e raggiunge una temperatura elevatissima che innesca le reazioni nucleari di fusione e così, esattamente 4,7 miliardi di anni fa, nella sua parte centrale... si accende una particolare stella, il **Sole**.

La produzione di energia da parte del Sole equilibra il collasso e quindi una parte del materiale della nebulosa primordiale costituita da particelle solide e gas (idrogeno ed elio) non cade sul Sole ma ruota attorno a esso.
La parte gassosa si allontana, spazzata dal vento solare, ma assieme alle particelle solide resta intrappolata dalla forza gravitazionale del Sole attorno al quale continua a ruotare.

Nel loro movimento le particelle solide si scontrano, si aggregano e diventano sempre più grandi.
Incominciano così a esercitare la propria forza di gravità, attirando tutti i corpi più piccoli che si trovano nei loro dintorni.
Si formano così i **planetesimi**.

Da questi planetesimi, nell'arco di decine di milioni di anni, prendono forma i **pianeti**, gli **asteroidi** e le **comete**.

Nasceva così il Sistema Solare con i suoi vari componenti.

Test rapido

- Che cos'è il Sole e da quali parti è formato?
- Dove si trovano le macchie solari?
- Che cosa succede nella zona radiattiva e in quella convettiva del Sole?
- Come si è formato il Sistema Solare?

76 Astronomia e Scienze della Terra

Il Sistema Solare: i pianeti

La massa del Sistema Solare è quasi tutta concentrata nel Sole; solo lo 0,1% è la massa di tutti gli altri corpi che compongono il Sistema Solare: i **pianeti** con i loro **satelliti**, gli **asteroidi**, le **comete** e i **meteoriti**.

I **pianeti** che formano il Sistema Solare sono corpi celesti che non emettono luce propria ma risplendono della luce solare riflessa; essi, in ordine di distanza dal Sole, sono **Mercurio**, **Venere**, **Terra**, **Marte**, **Giove**, **Saturno**, **Urano** e **Nettuno**.

Tutti, a eccezione di Mercurio e Venere, possiedono dei **satelliti**, corpi più piccoli che ruotano attorno a essi, accompagnandoli anche nel loro moto di rivoluzione intorno al Sole. Tra essi c'è la **Luna**, il satellite della Terra.

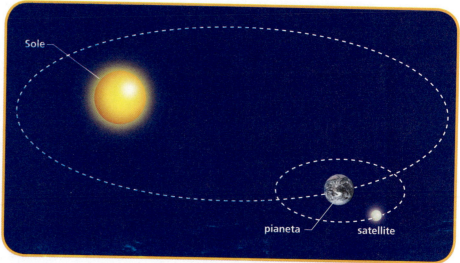

Per le diverse caratteristiche fisiche, i pianeti sono distinti in due gruppi: **pianeti terrestri** e **pianeti gioviani**.

I **pianeti terrestri** sono quelli più vicini al Sole (Mercurio, Venere, Terra e Marte) con caratteristiche simili alla Terra: superficie di natura rocciosa, densità media elevata, piccole dimensioni, pochi o nessun satellite.	I **pianeti gioviani** sono quelli più lontani (Giove, Saturno, Urano e Nettuno) con caratteristiche simili a Giove: superficie di natura gassosa, densità media molto bassa, grandi dimensioni, molti satelliti.

Fino a poco tempo fa era riconosciuto come pianeta anche **Plutone**, il più piccolo (è più piccolo della Luna) e il più lontano dal Sole.

Nel 2006 l'Unione Astronomica Internazionale lo ha declassato a pianeta nano e pertanto non viene più considerato un pianeta. In base alla loro distanza dal Sole e in riferimento alla Terra, i pianeti vengono anche distinti in:
- pianeti **interni** (Mercurio, Venere, Terra e Marte);
- pianeti **esterni** (Giove, Saturno, Urano e Nettuno).

unità 5

➔ Il Sistema Solare

Osserva nella tabella le principali caratteristiche dei pianeti.

Tutti i pianeti ruotano intorno al Sole, **moto di rivoluzione**, muovendosi lungo un percorso detto **orbita**. Queste orbite sono delle ellissi, per cui ogni pianeta non ha sempre la stessa distanza dal Sole: il punto in cui il pianeta è più vicino al Sole si chiama **perielio**, il punto in cui è più distante si chiama **afelio**. Il tempo impiegato da ciascun pianeta per compiere una rivoluzione completa è detto **periodo di rivoluzione**.

Pianeta	Diametro in migliaia di km	Massa rispetto alla Terra	Periodo di rivoluzione	Satelliti
MERCURIO	5	0,056	88 giorni	/
VENERE	13	0,817	225 giorni	/
TERRA	12	1	365 giorni	1
MARTE	7	0,108	687 giorni	2
GIOVE	143	318	12 anni	63
SATURNO	121	95	29 anni 167 giorni	31
URANO	53	14,6	84 anni 7 giorni	15
NETTUNO	50	17,26	164 anni 284 giorni	8

 I pianeti ruotano inoltre attorno al proprio asse, **moto di rotazione**, in senso antiorario (da ovest verso est), a eccezione di Venere e Urano che ruotano in senso orario (**rotazione retrograda**).

Le leggi di Keplero

I pianeti, nel loro moto di rivoluzione, descrivono delle **orbite** che obbediscono a precise leggi. Sono le **leggi di Keplero**, dal nome dell'astronomo tedesco **Giovanni Keplero** (1571-1630) che per primo le formulò.

1ª legge di Keplero

> L'orbita descritta da ogni pianeta nel suo moto di rivoluzione è un'ellisse di cui il Sole occupa uno dei fuochi.

La distanza del pianeta dal Sole non è quindi sempre la stessa; come abbiamo già detto il punto in cui il pianeta è più vicino al Sole si chiama **perielio**, il punto in cui è più distante **afelio**.

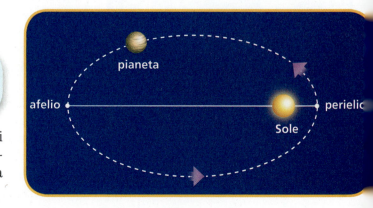

Astronomia e Scienze della Terra

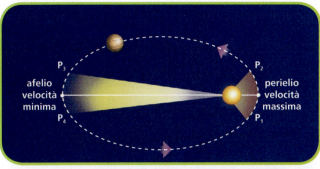

2ª legge di Keplero

Durante il moto di rivoluzione del pianeta, il raggio che unisce il centro del Sole al centro del pianeta stesso, cioè il raggio vettore, descrive aree uguali in tempi uguali.

Il pianeta quindi non avrà sempre la stessa velocità; essa è massima al perielio e minima all'afelio.

3ª legge di Keplero

Il quadrato del tempo necessario a un pianeta per percorrere l'intera orbita attorno al Sole (periodo di rivoluzione) è proporzionale al cubo della sua distanza media dal Sole.

Pertanto, quanto più un pianeta è lontano dal Sole, tanto più tempo impiega a percorrere la sua orbita.

FOCUS SU...

La conferma delle leggi enunciate da Keplero si deve a **Isaac Newton** (1642-1727) che, cinquant'anni dopo, le dimostra enunciando la **legge della gravitazione universale**. Newton inizia i suoi studi partendo da una conoscenza scientifica di quei tempi: **"una qualsiasi massa, e quindi un qualsiasi corpo, esercita una forza di attrazione"** e, intorno al 1670, annuncia: **"la gravità è presente in tutti i corpi dell'Universo ed è proporzionale alla quantità di materia dei singoli corpi"**.
Studi successivi portano infine Newton ad affermare che **tutti i corpi**, in quanto costituiti da una massa, **hanno la proprietà di esercitare una forza di attrazione**, detta **forza gravitazionale**, che è regolata dalla **legge di gravitazione universale**, secondo la quale:
tutti i corpi dell'Universo si attraggono reciprocamente con una forza che è direttamente proporzionale al prodotto delle loro masse e inversamente proporzionale al quadrato della loro distanza:

$$F = G \cdot \frac{m \cdot M}{d^2}$$ (dove G è la costante di gravitazione universale)

La **legge della gravitazione universale** spiega la forza di attrazione di tutti i corpi che abbiamo incontrato nel nostro viaggio nell'Universo:
- quanto più il pianeta è vicino al Sole tanto più risente della sua forza gravitazionale e quindi la sua velocità aumenta;
- quanto più il pianeta è lontano dal Sole tanto meno risente della sua forza gravitazionale e quindi la sua velocità diminuisce;
- i pianeti più lontani risentono meno della forza gravitazionale del Sole e perciò percorrono la loro orbita più lentamente dei pianeti più vicini.

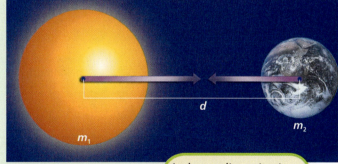

La legge di gravitazione universale nel sistema Terra-Sole.

Test rapido

- Quali corpi compongono il Sistema Solare?
- Quali sono i due gruppi nei quali sono distinti i pianeti? Descrivili.
- Quali sono i movimenti dei pianeti?
- Quali sono le leggi di Keplero? Descrivile.

unità 5

→ Il Sistema Solare

Gli altri corpi del Sistema Solare

Intorno al Sole, tra l'orbita di Marte e quella di Giove, ruota una fascia, la **fascia degli asteroidi**, in cui sono addensati moltissimi corpi celesti dalle dimensioni molto varie e il cui diametro non supera le centinaia di chilometri. Sono gli **asteroidi** o **pianetini**, il cui numero è veramente incredibile: milioni e forse miliardi. Il più grande asteroide è **Cerere** con un diametro di circa 960 km, scoperto nel 1801 dall'astronomo italiano Giuseppe Piazzi (1746-1826).

Sull'origine degli asteroidi, non ancora chiara, si sono fatte diverse ipotesi fra le quali quella che li fa risalire a del materiale cosmico che, al momento della formazione del Sistema Solare, non sarebbe riuscito ad aggregarsi fino a formare un pianeta.

Asteroidi e comete

Fascia di asteroidi.

FOCUS SU...

Oltre agli asteroidi della fascia, ve ne sono numerosi altri che si muovono nello spazio con orbite tanto ellittiche da intersecare quelle di Venere, Mercurio, Marte e a volte anche quella della Terra. Il rischio di una possibile collisione di un asteroide con il nostro pianeta, come quasi certamente è avvenuto in passato, è abbastanza raro, anche se non impossibile. Sono stati avvistati circa 600 asteroidi, chiamati **Neo** (**N**ear **E**arth **O**bjects, "oggetti vicini alla Terra"), che incrociano l'orbita della Terra a distanza ravvicinata e quindi tali da creare preoccupazione. Sono, infatti, già allo studio strategie per deviare la traiettoria di questi pericolosi "bolidi". Gli effetti di una collisione sarebbero proprio catastrofici; osserva che cosa potrebbe succedere.

corpo di 10 km di diametro

1. L'IMPATTO

cratere largo 100 km e profondo 12 km

le rocce sono proiettate nell'atmosfera

2. LA FORMAZIONE DEL CRATERE

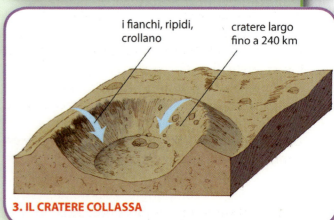

i fianchi, ripidi, crollano

cratere largo fino a 240 km

3. IL CRATERE COLLASSA

Astronomia e Scienze della Terra

I più singolari corpi celesti che fanno parte del Sistema Solare sono le **comete**, conosciute fin dall'antichità e la cui comparsa nel cielo rappresenta sempre un meraviglioso evento.

L'analisi della luce emanata dalle comete ci dice che sono corpi celesti composti prevalentemente da ammoniaca, ossido di carbonio e anidride carbonica allo stato solido (neve carbonica), agglomerati con polveri ed elementi chimici (sodio, magnesio, ferro ecc.).

Sin dalla loro "nascita" questi corpi celesti "navigano" in zone remote dell'Universo in una nube, chiamata **nube di Oort** o **banda di Kuiper**, costituita dai residui della nube primordiale dalla quale si è originato il Sistema Solare e popolata, appunto, da miliardi di comete.

Periodicamente qualcosa modifica la loro orbita sospingendole verso il Sole e solo quando si trovano vicine al Sole risultano a noi visibili.

La cometa di Halley al suo passaggio nel 1986.

Nelle comete si distinguono tre parti:
- il **nucleo**, che contiene la maggior parte della materia, è composto per lo più di ghiaccio e gas e si presenta relativamente solido e stabile;
- la **chioma**, che comincia a formarsi per evaporazione e sublimazione delle sostanze del nucleo al calore del Sole;
- la **coda**, che è presente solo in prossimità del Sole, è formata da polvere e gas ionizzati e si allunga per milioni di chilometri sempre in direzione opposta al Sole, perché è spinta dalle correnti provocate dal vento solare.

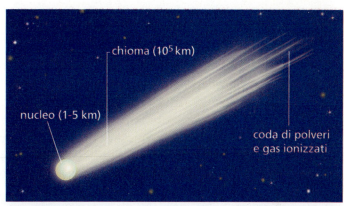

Di comete entrate nel Sistema Solare se ne conoscono una cinquantina; esse hanno un ritorno periodico e possono essere osservate anche a distanza di anni.

La cometa più nota è la **cometa di Halley**, dal nome dell'astronomo inglese **Edmund Halley** (1656-1742) che per primo, nel 1705, studiando il moto delle comete arrivò alla conclusione che esse si muovono lungo orbite ellittiche molto allungate e che, periodicamente, arrivano nei dintorni del Sole.

Egli ipotizzò che la cometa di **Halley** ripercorresse ogni 77 anni la sua orbita intorno al Sole.

La sua ultima comparsa è avvenuta nel 1986; se sarà puntuale, la rivedremo quindi nel... 2063!

Il 5 aprile 1997 è tornata un'antica "visitatrice", la **cometa di Hale Bopp**, scoperta nel 1995.

La sua ultima apparizione risale al 2200 a.C., quando gli Egizi stavano completando la piramide di Kefren. La Hale Bopp tornerà da noi fra 2400 anni.

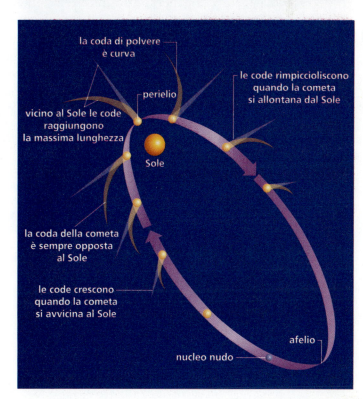

unità 5

→ **Il Sistema Solare**

Molti frammenti di materia cosmica, frammenti di asteroidi o frammenti provenienti dalla coda di una cometa si muovono liberamente nello spazio e, transitando particolarmente vicino alla Terra, possono essere attratti dalla gravità terrestre e precipitare sulla sua superficie.
La caduta di questi frammenti sulla Terra è poco probabile; quando però ciò accade si parla di **meteoriti**.
Se il meteorite è di notevoli dimensioni, urtando contro il suolo produce dei crateri simili a quelli osservati sulla Luna e può provocare distruzioni come quella verificatasi nel secolo scorso in Siberia, nella regione della Tunguska.

Il più grande cratere conosciuto è il Meteor Crater, che si trova vicino a Winslow, in Arizona. Si è formato per la caduta di un meteorite circa 50 000 anni fa. Il cratere, visibile ancora oggi, è largo circa 1500 m e profondo 200 m.
Quando il meteorite che entra negli strati dell'atmosfera terrestre a una velocità di decine di chilometri al secondo è invece di piccole dimensioni, viene disintegrato dal forte calore che si sprigiona con l'attrito e le sue particelle, evaporando, si consumano prima di arrivare al suolo producendo una scia visibile nel cielo. Si parla allora di **meteore** (comunemente dette **stelle cadenti**).
Periodicamente, in date fisse dell'anno, si verificano piogge di stelle cadenti, come le famose "lacrime di San Lorenzo" il 10 agosto; esse sono chiamate sciami meteorici periodici.

Un meteorite.

Il Crater Manicouagan in Canada.

Le stelle cadenti.

Test rapido

- Che cosa sono gli asteroidi?
- Che cosa sono le comete?
- Che cos'è la banda di Kuiper?
- In quali parti è distinta una cometa?
- Che cosa sono meteoriti e meteore?

unità 5 — Il Sistema Solare

fissa i concetti chiave

Che cos'è il Sole?

- Il Sole è una **stella gialla di media grandezza** distante dalla Terra appena 150 milioni di chilometri.
È composto per circa il 75% da idrogeno, per il 20% da elio e contiene inoltre tracce di altri elementi quali l'ossigeno, il carbonio e l'azoto. Procedendo dall'interno verso l'esterno, è formato dal **nucleo**, dalla **zona radiativa** e dalla **zona convettiva**; nella parte più esterna troviamo l'**atmosfera solare**, che comprende la **fotosfera**, la **cromosfera** e la **corona solare**.

Come è nato il Sistema Solare?

- Un'enorme nube di gas e polvere cosmica generata dal Big Bang, detta **nebulosa planetaria** o **primordiale**, comincia a "collassare", cioè si addensa sempre più al centro e, iniziando a ruotare velocemente, assume la forma di un disco. Contraendosi verso il centro, si scalda sempre più e raggiunge una temperatura elevatissima che innesca le reazioni nucleari di fusione e così, esattamente 4,7 miliardi di anni fa, nella sua parte centrale... si accende il **Sole**.
La produzione di energia da parte del Sole equilibra il collasso e quindi una parte di materiale costituita da particelle solide e gas (idrogeno ed elio) non cade sul Sole ma ruota attorno a esso.
La parte gassosa si allontana, ma assieme alle particelle solide resta intrappolata dalla forza gravitazionale del Sole, attorno al quale continua a ruotare. Nel loro movimento le particelle solide si scontrano, si aggregano e, diventando sempre più grandi, esercitano la propria forza di gravità, attirando tutti i corpi più piccoli che si trovano nei loro dintorni.
Si formano così i **planetesimi** e da questi planetesimi, nell'arco di decine di milioni di anni, prendono forma i **pianeti**, gli **asteroidi** e le **comete**. **Nasce così il Sistema Solare** con i suoi vari componenti.

Che cosa sono e quali sono i pianeti del Sistema Solare?

- I **pianeti** che formano il Sistema Solare sono corpi celesti che non emettono luce propria ma risplendono della luce solare riflessa; essi, in ordine di distanza dal Sole, sono: **Mercurio**, **Venere**, **Terra**, **Marte**, **Giove**, **Saturno**, **Urano** e **Nettuno**.
- Tutti i pianeti ruotano intorno al Sole, **moto di rivoluzione**, muovendosi lungo **orbite ellittiche**. Il punto in cui il pianeta è più vicino al Sole si chiama **perielio**, il punto in cui è più distante si chiama **afelio**. Il tempo impiegato a compiere una rivoluzione completa è detto **periodo di rivoluzione**.
- I pianeti ruotano inoltre attorno al proprio asse, **moto di rotazione**, in senso antiorario (da ovest verso est), a eccezione di Venere e Urano che ruotano in senso orario (**rotazione retrograda**).

Che cosa affermano le leggi di Keplero?

- **Prima legge di Keplero**: l'orbita descritta da ogni pianeta nel suo moto di rivoluzione è un'ellisse di cui il Sole occupa uno dei fuochi.
- **Seconda legge di Keplero**: durante il moto di rivoluzione del pianeta, il raggio che unisce il centro del Sole al centro del pianeta stesso, cioè il raggio vettore, descrive aree uguali in tempi uguali.
- **Terza legge di Keplero**: il quadrato del tempo necessario a un pianeta per percorrere l'intera orbita attorno al Sole (periodo di rivoluzione) è proporzionale al cubo della sua distanza media dal Sole.

Quali sono gli altri corpi del Sistema Solare?

- Intorno al Sole, tra l'orbita di Marte e quella di Giove, ruota una fascia, la **fascia degli asteroidi**, in cui sono addensati gli **asteroidi**.

- Fanno parte del Sistema Solare le **comete**, corpi celesti composti prevalentemente da ammoniaca, ossido di carbonio e anidride carbonica allo stato solido (neve carbonica), agglomerati con polveri ed elementi chimici (sodio, magnesio, ferro ecc.). In esse si distinguono tre parti:
  > il **nucleo**, che contiene la maggior parte della materia, è composto per lo più di ghiaccio e gas e si presenta relativamente solido e stabile;
  > la **chioma**, che comincia a formarsi per evaporazione e sublimazione delle sostanze del nucleo al calore del Sole;
  > la **coda**, che è presente solo in prossimità del Sole, è formata da polvere e gas ionizzati e si allunga per milioni di chilometri sempre in direzione opposta al Sole, spinta dalle correnti provocate dal vento solare.

- I **meteoriti** sono frammenti di materia cosmica, di asteroidi o frammenti provenienti dalla coda di una cometa, che si muovono liberamente nello spazio e, transitando particolarmente vicino alla Terra, possono essere attratti dalla gravità terrestre e precipitare sulla sua superficie. Quando il meteorite è di piccole dimensioni, viene disintegrato dal forte calore che si sprigiona con l'attrito e le sue particelle, evaporando, si consumano prima di arrivare al suolo producendo una scia visibile nel cielo: si parla allora di **meteore** o **stelle cadenti**.

83

unità 5 — Il Sistema Solare

ragiona e applica

... le conoscenze

1. Che cos'è il Sole? Da che cosa è formato?
2. Che cosa si intende per rotazione siderale del Sole?
3. Descrivi la struttura del Sole procedendo dall'interno verso l'esterno.
4. Che cosa sono le macchie solari e le protuberanze?
5. Che cos'è il vento solare?
6. Quali sono le funzioni della zona radiativa e della zona convettiva del Sole?
7. Come si è formato il Sistema Solare?
8. Quanti e quali sono i pianeti del Sistema Solare?
9. Completa. Per le diverse caratteristiche fisiche, i pianeti vengono distinti in due gruppi:
    a. i pianeti .... sono quelli ....,
       con le seguenti caratteristiche: ....
       ....
    b. i pianeti .... sono quelli ....,
       con le seguenti caratteristiche: ....
       ....
10. Completa. In base alla distanza dal Sole e in riferimento alla Terra, i pianeti vengono distinti in:
    a. pianeti ...., che sono ....
    b. pianeti ...., che sono ....
11. Scrivi, nella seguente figura, i nomi dei vari pianeti del Sistema Solare distinguendo quelli terrestri da quelli gioviani e quelli interni da quelli esterni.

12. Che cos'è il moto di rivoluzione di un pianeta?
13. Che cos'è il moto di rotazione di un pianeta?

84 Astronomia e Scienze della Terra

14. Che cosa sono l'afelio e il perielio?

15. Che cosa s'intende per periodo di rivoluzione?

16. Enuncia la prima legge di Keplero e deducine la conseguenza.

17. Enuncia la seconda legge di Keplero e deducine la conseguenza.

18. Enuncia la terza legge di Keplero e deducine la conseguenza.

19. Che cosa sono gli asteroidi?

20. Che cos'è una cometa? Descrivine la struttura.

21. Che cos'è la nube di Oort o banda di Kuiper?

... le abilità

22. Osserva la figura che schematizza il Sole e riconoscine le parti richieste.

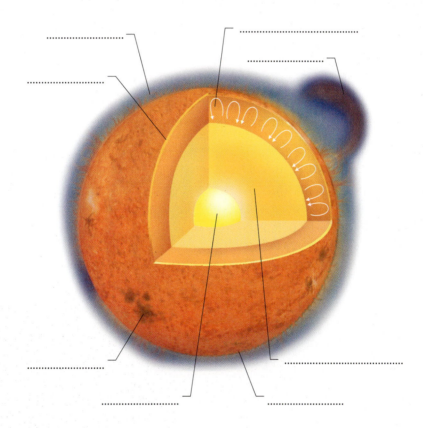

23. Cancella i termini sbagliati.
  a. La luce e il calore che ci arrivano dal Sole sono dovuti all'energia liberata dal *nucleo/dalla cromosfera*.
  b. Questa energia attraversa per *convezione/irraggiamento* la zona radiattiva.
  c. Successivamente si propaga per *convezione/irraggiamento* nella zona *convettiva/cromosfera*.
  d. Si irradia infine *nello spazio/nel nucleo*.

24. Segna la risposta esatta. Perché il moto di rotazione di Venere e Urano è detto moto retrogrado?
  a. Perché è ritardato rispetto a quello della Terra.
  b. Perché i due pianeti si muovono in verso antiorario.
  c. Perché i due pianeti si muovono in verso orario.

25. Segna l'ipotesi esatta. Da che cosa deriva la formazione della chioma di una cometa?
- **a.** Dalle sostanze del nucleo che evaporano e sublimano in vicinanza del Sole.
- **b.** Dai gas del nucleo sospinti dal vento solare.
- **c.** Da un fenomeno di riflessione della luce emessa dalla cometa.

26. Osserva le figure; che cosa rappresentano?

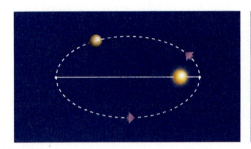 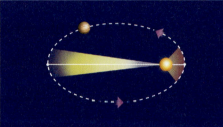 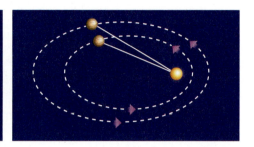

a. .... b. .... c. ....

27. Segna il completamento esatto. L'orbita descritta da un pianeta nel suo moto di rivoluzione è:
- **a.** un'ellisse e il Sole ne occupa il centro.
- **b.** un cerchio e il Sole ne occupa un fuoco.
- **c.** un'ellisse e il Sole ne occupa un fuoco.

28. Osserva il disegno. Se l'arco $\widehat{P_1P_2}$, percorso in un tempo t_1, ha la stessa lunghezza dell'arco $\widehat{P_3P_4}$, percorso in un tempo t_2, quale delle tre relazioni è quella esatta? Segnala e spiegane il motivo.
- **a.** $t_1 < t_2$
- **b.** $t_1 = t_2$
- **c.** $t_1 > t_2$

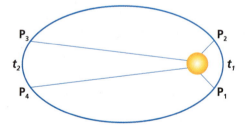

29. Se indichiamo con t il tempo di rivoluzione in anni di un pianeta, con d la sua distanza media dal Sole e con k la costante di proporzionalità, la terza legge di Keplero con quale formula può essere espressa? Segna la risposta esatta.
- **a.** $t = k^2 \cdot d^3$
- **b.** $t_2 = k \cdot d^3$
- **c.** $t_3 = k \cdot d^2$

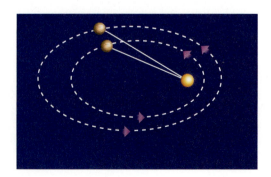

30. Perché le code delle comete sono sempre rivolte in direzione opposta al Sole?

31. Qual è la differenza fra meteorite e meteora?

Unità 6

LA TERRA: IL NOSTRO PIANETA

Perché ne parliamo?

Se consultando una carta geografica trovi scritto che Napoli è a 40°37' di latitudine nord e a 14°12' di longitudine est o che Parigi è a 48°52' di latitudine nord e a 2°20' di longitudine est, sai individuare effettivamente la loro posizione sulla carta geografica? Dove si trovano cioè esattamente?

E ti sei mai chiesto il perché dell'alternarsi del giorno e della notte? O il perché, durante l'anno, il giorno e la notte non hanno la stessa durata?

Tantissime saranno le domande che sicuramente ti sarai posto e alle quali forse non sei riuscito e dare delle risposte.

- Come mai si alternano le quattro stagioni con caratteristiche così diverse?
- Come si è formata la Luna?
- Perché non la vediamo sempre uguale nel cielo?
- Che cosa causa l'innalzamento e l'abbassamento delle acque del mare?
- Che cosa avviene esattamente durante un'eclissi?

Vogliamo dare una risposta a tutte queste domande? Continuiamo allora il nostro studio.

Contenuti

- **Sulla Terra: paralleli e meridiani**
- **Il moto di rotazione della Terra**
- **Il moto di rivoluzione della Terra**
- **Il nostro satellite: la Luna**
- **I movimenti, le fasi lunari e le maree**
- **Eclissi di Sole e di Luna**

Prerequisiti

- **Conoscere gli elementi relativi alla sfera**
- **Conoscere le leggi di Keplero**
- **Conoscere i fenomeni luminosi**

Obiettivi

- **Orientarsi sulla superficie terrestre mediante le coordinate geografiche**
- **Conoscere e descrivere i moti della Terra e individuarne le conseguenze**
- **Conoscere le caratteristiche della Luna, comprendere le sue probabili origini e individuarne i movimenti**
- **Riconoscere le fasi lunari, i fenomeni delle maree e delle eclissi e individuarne le caratteristiche**

unità 6 Sulla Terra: paralleli e meridiani

Siamo proprio arrivati al nostro pianeta, la **Terra**, uno degli otto pianeti che costituiscono il Sistema Solare. L'abbiamo già definito speciale perché accoglie il meraviglioso fenomeno della vita. Prima di continuare a scoprire questo nostro pianeta, osserviamo come orientarci su di esso, come stabilire cioè la nostra posizione, o come localizzare un punto sulla sua superficie. Per potersi orientare sulla superficie terrestre, i geografi hanno disegnato sulla Terra un immaginario reticolato che prende il nome di **reticolato geografico**. Esso è costituito da 180 circoli orizzontali, detti **paralleli**, e 360 circoli verticali, detti **meridiani**.

- I **paralleli** sono delle circonferenze immaginarie tutte perpendicolari all'asse terrestre e via via più piccole a mano a mano che si avvicinano ai poli. Il parallelo più lungo, equidistante dai due poli, è l'**equatore**, a nord del quale c'è l'**emisfero boreale** e a sud l'**emisfero australe**. Esistono infiniti paralleli ma, per convenzione, se ne considerano 180 (90 dall'equatore al polo Nord nell'emisfero boreale e 90 dall'equatore al polo Sud nell'emisfero australe). Paralleli di particolare importanza sono il **Circolo polare artico**, il **Tropico del Cancro**, il **Tropico del Capricorno** e il **Circolo polare antartico**.

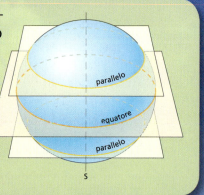

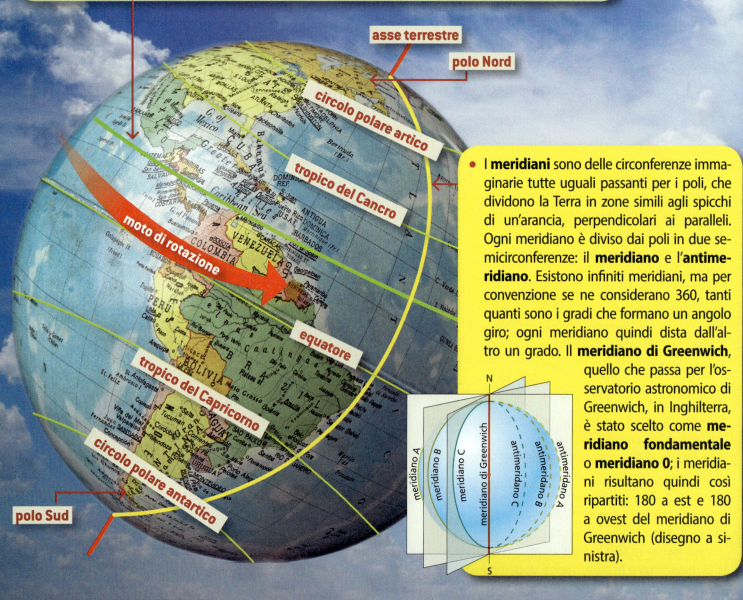

- I **meridiani** sono delle circonferenze immaginarie tutte uguali passanti per i poli, che dividono la Terra in zone simili agli spicchi di un'arancia, perpendicolari ai paralleli. Ogni meridiano è diviso dai poli in due semicirconferenze: il **meridiano** e l'**antimeridiano**. Esistono infiniti meridiani, ma per convenzione se ne considerano 360, tanti quanti sono i gradi che formano un angolo giro; ogni meridiano quindi dista dall'altro un grado. Il **meridiano di Greenwich**, quello che passa per l'osservatorio astronomico di Greenwich, in Inghilterra, è stato scelto come **meridiano fondamentale** o **meridiano 0**; i meridiani risultano quindi così ripartiti: 180 a est e 180 a ovest del meridiano di Greenwich (disegno a sinistra).

L'antimeridiano corrispondente al meridiano di Greenwich è detto **antimeridiano di Greenwich** e rappresenta, come vedremo, la **linea del cambiamento di data**.

Il reticolato geografico costituito dai paralleli e dai meridiani permette di individuare l'esatta posizione di un punto sulla superficie terrestre per mezzo delle sue **coordinate geografiche** che rappresentano la distanza angolare che il punto ha dal parallelo e dal meridiano fondamentale, rispettivamente l'equatore e il meridiano di Greenwich.

Le coordinate geografiche

Le coordinate geografiche di un punto sono esattamente la **latitudine** e la **longitudine**.

- La **latitudine** di una località P è la distanza β di P dall'equatore, misurata sull'arco di meridiano compreso fra P e l'equatore.
- La **longitudine** di una località P è la distanza α di P dal meridiano di Greenwich, misurata sull'arco di parallelo compreso fra P e il meridiano fondamentale.

Latitudine e longitudine si esprimono in gradi, primi e secondi: la latitudine può essere nord o sud a seconda che la località P si trovi a nord o a sud dell'equatore; la longitudine può essere est o ovest a seconda che la località P si trovi a est o a ovest del meridiano di Greenwich.

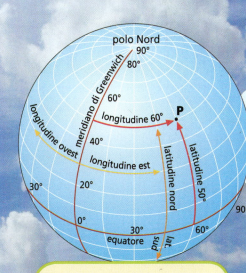

Nel mappamondo leggiamo, ad esempio, che P si trova a 50° di latitudine nord e a 60° di longitudine est.

Test rapido

- Che cos'è il reticolato geografico?
- Che cosa sono i paralleli?
- Che cosa sono i meridiani?
- Quali sono e che cosa sono le coordinate geografiche?

→ La Terra: il nostro pianeta

Il moto di rotazione della Terra

La Terra, come tutti gli altri pianeti del Sistema Solare, ruota su se stessa, **moto di rotazione**, e contemporaneamente ruota attorno al Sole, **moto di rivoluzione**.

> Il **moto di rotazione** è quello che la Terra compie ruotando su se stessa in senso antiorario (da ovest verso est) intorno all'**asse terrestre**, l'asse immaginario che incontra la superficie terrestre in due punti: il **polo Nord** o **polo artico** e il **polo Sud** o **polo antartico**.

La Terra compie una rotazione completa in tempi diversi secondo il punto di riferimento considerato: rispetto a una stella impiega **23 ore**, **56 minuti e 4 secondi** e questo tempo è chiamato **giorno sidereo**; rispetto al Sole impiega **24 ore** e questo periodo di tempo viene chiamato **giorno solare**.

Quali sono le conseguenze di questo moto di rotazione?

- **Il movimento apparente in senso orario della volta celeste**, e quindi delle stelle, della Luna e del Sole: è lo stesso fenomeno che si osserva da un'auto in corsa, quando sembra che sia il paesaggio a scorrere via e non l'auto ad avanzare. Per lo stesso motivo convenzionalmente diciamo che il **Sole sorge a est e tramonta a ovest**.

È proprio per effetto del moto apparente del Sole che l'ombra che proietta un albero, osservata dallo stesso punto nelle diverse ore di una giornata, cambia posizione e lunghezza.

È sempre per effetto del moto apparente delle stelle che, osservando per un intero giorno da un osservatorio astronomico le stelle, si notano delle traiettorie circolari.

Astronomia e Scienze della Terra

- **L'alternarsi del giorno e della notte**: i raggi del Sole, che provengono da una distanza enorme, arrivano tutti paralleli sulla Terra e quindi, essendo questa pressoché sferica, la illuminano solo per una metà. La linea immaginaria che separa la zona illuminata (il **dì** o **giorno**) dalla zona oscura (la **notte**) si chiama **circolo d'illuminazione**.

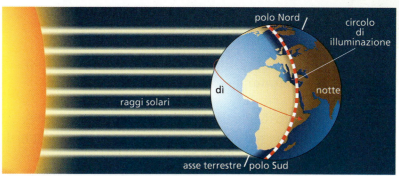

OSSERVA

Se illuminiamo con una lampada un mappamondo, possiamo osservare la zona illuminata, cioè il giorno (punto A), e, dalla parte opposta, la zona in ombra, cioè la notte (punto B). Facendo ruotare lentamente il mappamondo, simuliamo il moto di rotazione e dopo mezzo giro, cioè 12 ore, troveremo al buio la zona dove prima era giorno (punto A) e illuminata la zona dove prima era notte (punto B).

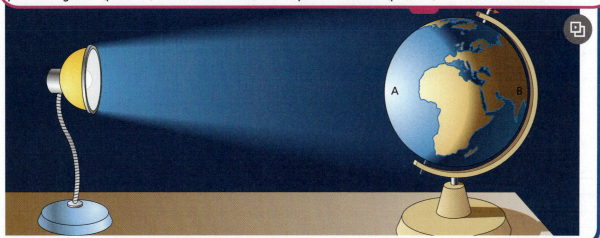

Il passaggio dal giorno alla notte, per la presenza dell'atmosfera, non è brusco ma graduale e avviene attraverso due fasi di luce diffusa: l'**alba** al sorgere del Sole e il **crepuscolo** al tramontare del Sole.

Test rapido

- Che cos'è il moto di rotazione della Terra?
- Quali sono le conseguenze del moto di rotazione?

91

→ La Terra: il nostro pianeta

Il moto di rivoluzione della Terra

Mentre ruota intorno al proprio asse, la Terra ruota anche intorno al Sole compiendo il suo **moto di rivoluzione**.

> Il **moto di rivoluzione** è quello che la Terra compie, da ovest verso est, attorno al Sole, descrivendo un'orbita ellittica di circa 940 milioni di chilometri, detta **eclittica**, di cui il Sole occupa uno dei due fuochi.

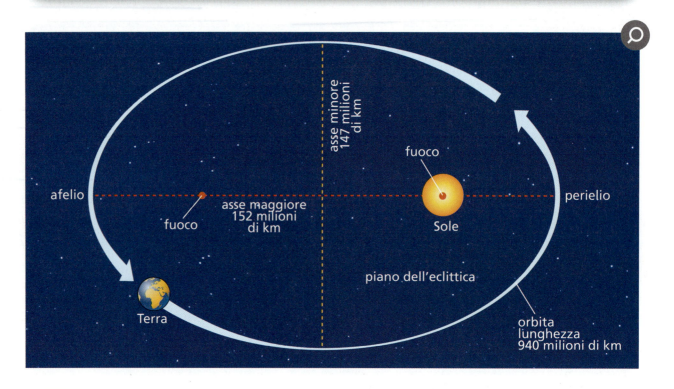

Durante tale moto l'asse terrestre, che è **inclinato di 66°33' rispetto al piano dell'orbita**, resta costantemente parallelo a se stesso, senza quindi cambiare mai la propria inclinazione.

Le conseguenze del moto di rivoluzione e dell'inclinazione dell'asse terrestre sono la **diversa durata del giorno** e **della notte** e l'**alternarsi delle stagioni**.

Se l'asse terrestre fosse perpendicolare al piano dell'eclittica, il circolo d'illuminazione passerebbe sempre per i poli terrestri e in un qualunque punto della superficie terrestre si alternerebbero costantemente 12 ore di luce e 12 ore di buio.
Poiché invece l'asse terrestre è inclinato rispetto al piano dell'orbita, il circolo d'illuminazione non passa sempre per i poli terrestri e quindi la **durata del dì e della notte non è sempre uguale**.

Durante il moto di rivoluzione, la Terra viene a trovarsi in quattro posizioni fondamentali che segnano l'inizio delle **stagioni astronomiche: 21 marzo, 21 giugno, 23 settembre** e **22 dicembre**. Nell'emisfero boreale, questi giorni segnano rispettivamente l'inizio della primavera, dell'estate, dell'autunno e dell'inverno.

92 Astronomia e Scienze della Terra

Nell'arco di un **anno**, precisamente di **365 giorni, 5 ore, 48 minuti** e **46 secondi**, il moto di rivoluzione causa quindi l'**alternarsi delle stagioni**.

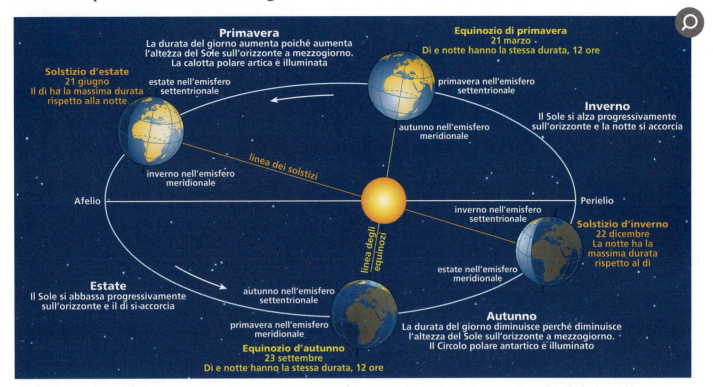

Vediamo in che modo ciò avviene seguendo il giro del Sole a partire dal 21 marzo.

Il **21 marzo** i raggi solari giungono **perpendicolari all'equatore** e il giorno e la notte hanno la stessa durata: 12 ore di luce e 12 ore di buio. Siamo all'**equinozio di primavera** (dal latino *aequus*, "uguale", e *nox*, "notte"): nell'emisfero boreale inizia la primavera e in quello australe l'autunno.
Quando la Terra nel suo moto di rivoluzione si sposta verso l'**afelio**, le ore di luce aumentano nell'emisfero settentrionale e diminuiscono in quello meridionale.

Il **21 giugno** i raggi solari giungono **perpendicolari al Tropico del Cancro**; la calotta polare artica resta illuminata per 24 ore ed è quindi sempre giorno. Siamo al **solstizio d'estate**: nell'emisfero settentrionale inizia l'estate e il dì raggiunge la sua massima durata (16 ore); nell'altro emisfero invece inizia l'inverno. Proseguendo nel suo moto di rivoluzione, la Terra si allontana dall'afelio; nell'emisfero settentrionale incomincia a diminuire la parte illuminata e di conseguenza anche il numero delle ore di luce.

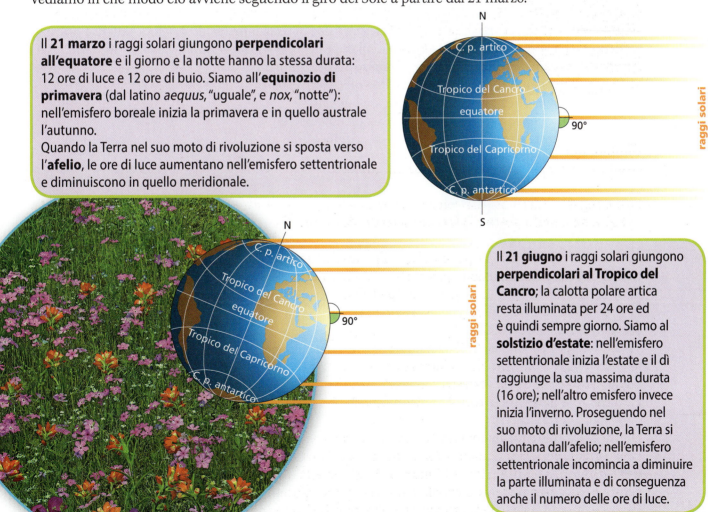

93

unità 6 → La Terra: il nostro pianeta

Il **23 settembre** i raggi del Sole sono di nuovo **perpendicolari all'equatore** e si ha la stessa durata del dì e della notte. Siamo all'**equinozio d'autunno**: nell'emisfero settentrionale inizia l'autunno e nell'altro emisfero la primavera. Proseguendo nel suo moto la Terra si avvicina al **perielio** e nell'emisfero settentrionale la parte illuminata diminuisce sempre più e il giorno diventa più corto della notte.

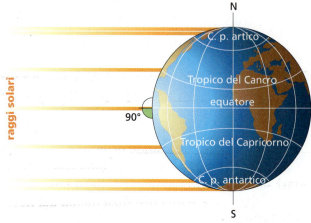

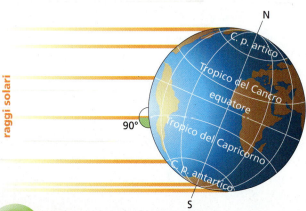

Il **22 dicembre** i raggi solari sono **perpendicolari al Tropico del Capricorno** e nell'emisfero boreale si ha la durata minima del giorno rispetto alla notte. Siamo al **solstizio d'inverno**: nell'emisfero settentrionale inizia l'inverno e in quello meridionale l'estate. Continuando il suo movimento, la Terra si riporta all'equinozio di primavera e... il ciclo si ripete.

FOCUS SU...

Oltre ai moti di rotazione e rivoluzione, la Terra compie altri moti, i cosiddetti **moti millenari**, fra cui il **moto di precessione degli equinozi**.
Per effetto dell'attrazione del Sole e della Luna, l'asse di rotazione terrestre ruota in senso orario intorno al centro della Terra, descrivendo un doppio cono in un periodo di circa 26 000 anni. Una conseguenza di questo moto è che l'asse di rotazione terrestre, che adesso punta al nord sulla Stella Polare, fra 13 000 anni punterà in direzione opposta sulla stella Vega.
Il moto di precessione è inoltre soggetto a piccole oscillazioni, dette **nutazioni**, dovute alla presenza della Luna; la loro durata è di circa 18 anni.

Test rapido

- Che cos'è il moto di rivoluzione della Terra?
- Che cos'è l'eclittica?
- Quali sono le conseguenze del moto di rivoluzione?
- Quali sono i giorni che segnano l'inizio delle stagioni astronomiche?

94 Astronomia e Scienze della Terra

Il nostro satellite: la Luna

La faccia della Luna rivolta verso la Terra.

La Terra ha un **unico satellite naturale**, la **Luna**, un corpo celeste che non brilla di luce propria ma della luce riflessa del Sole.

La Luna che ci appare grande nella volta celeste perché è molto vicina alla Terra ha, in realtà, dimensioni ridotte. Di forma quasi sferica, ha un diametro di 3476 km, un quarto circa di quello della Terra, e una distanza media dal nostro pianeta di 384 000 km.

Se osserviamo la Luna in una notte in cui ci appare completa, possiamo notare anche a occhio nudo che il suo suolo desertico è formato da vaste pianure, alcune più scure, chiamate **mari**, altre più chiare, chiamate **terre**.

Le terre sono costituite da enormi **crateri** e da altissime **montagne**. I mari sono zone formate da una roccia scura di origine vulcanica, il basalto, che avrebbe riempito gli enormi crateri scavati da corpi celesti precipitati sulla superficie della Luna.

Complessivamente il suolo lunare ha uno spessore la cui profondità varia da 1 a 20 m.
Le rocce che lo costituiscono, simili alle rocce vulcaniche terrestri in quanto formate dagli stessi minerali, risalgono a 4,3 miliardi di anni fa quando la Luna era, molto probabilmente, un immenso campo di vulcani continuamente bombardato da frammenti cosmici.

L'analisi delle rocce lunari raccolte durante i vari sbarchi dell'uomo sulla Luna ha permesso di scoprire che, presumibilmente 3 miliardi di anni fa, le attività vulcaniche cessarono e da allora soltanto gli agenti esterni hanno modificato l'aspetto del suolo lunare che adesso la Luna ci mostra.

I crateri presenti sulla superficie lunare sono dovuti probabilmente all'impatto con meteoriti.

Sulla Luna **non c'è atmosfera** e questo dà alla superficie lunare il suo aspetto caratteristico. I meteoriti che vi cadono, infatti, giungono quasi interi, in grado di rompere le rocce e addirittura di fonderle.
La superficie lunare è, inoltre, caratterizzata da enormi sbalzi di temperatura: si passa da -150 °C della parte non illuminata dal Sole a 130 °C di quella illuminata.

La roccia lunare.

unità 6

→ La Terra: il nostro pianeta

L'origine della Luna

Come si è formata la Luna? Quattro sono le ipotesi sulla sua origine.

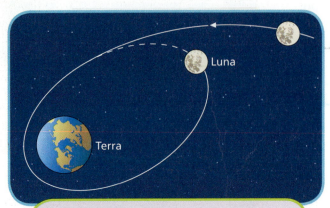

Ipotesi della cattura
La Luna, formatasi lontano dalla Terra per aggregazione di particelle di materiale cosmico, vagava nello spazio ed è stata catturata dal campo gravitazionale della Terra.

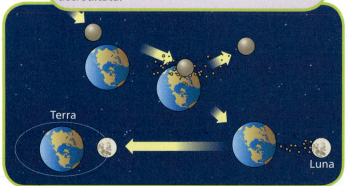

Ipotesi della collisione
La Luna si è formata per aggregazione di materiale staccatosi dalla Terra a causa dell'urto con un corpo celeste. Questa ipotesi, detta **Big Splash**, è attualmente la più accreditata.

Ipotesi dell'aggregazione
La Luna si è formata per aggregazione di frammenti di materiale cosmico che circondavano la Terra durante le prime fasi di formazione del Sistema Solare.

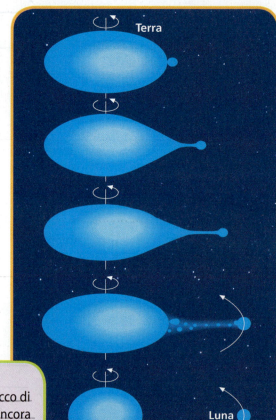

Ipotesi del distacco
La Luna si è formata in seguito al distacco di una parte della Terra quando questa, ancora allo stato liquido, era in formazione.

Test rapido

- Che cos'è la Luna?
- Da che cosa è formato il suolo lunare?
- Quali sono le ipotesi sull'origine della Luna?

Astronomia e Scienze della Terra

I movimenti, le fasi lunari e le maree

La Luna compie complessivamente tre movimenti: di **rotazione**, di **rivoluzione** e di **traslazione**.

- Il **moto di rotazione** è quello che compie ruotando su se stessa intorno al proprio asse da ovest verso est in un periodo di **27 giorni, 7 ore e 43 minuti**.
- Il **moto di rivoluzione** è quello che compie ruotando intorno alla Terra in senso antiorario secondo un'orbita ellittica di cui la Terra occupa uno dei fuochi. Il punto di minima distanza dalla Terra è il **perigeo**, quello di massima distanza è l'**apogeo**.

Foto della faccia della Luna a noi visibile.

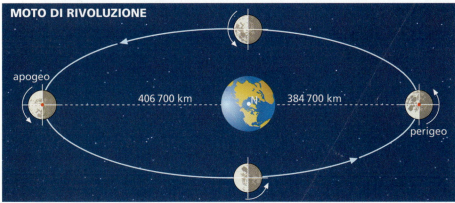

Il periodo di rivoluzione, uguale a quello di rotazione (27 giorni, 7 ore e 43 minuti), è detto **mese sidereo** ed è il tempo necessario perché la Luna ritorni nella stessa posizione rispetto alle stelle.
Esiste anche il **mese lunare** o **sinodico** della durata di **29 giorni, 12 ore e 44 minuti**; esso è un po' più lungo del mese sidereo perché è il tempo necessario perché la Luna ritorni nella stessa posizione rispetto al Sole e contemporaneamente alla Terra che nel frattempo si sposta sulla sua orbita intorno al Sole.

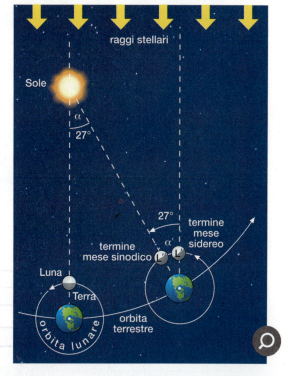

- Il **moto di traslazione** è quello che la Luna compie ruotando intorno al Sole assieme alla Terra lungo l'eclittica. Tale moto, la cui traiettoria è una complessa curva detta **epicicloide**, avviene con la stessa velocità e nello stesso tempo di quello di rivoluzione della Terra.

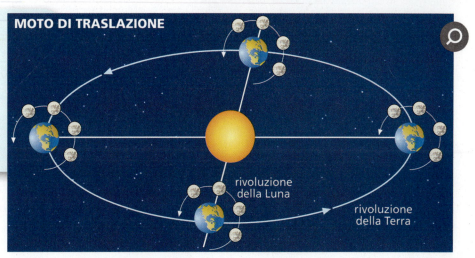

Poiché il periodo di rotazione e quello di rivoluzione sono uguali, la Luna mostra alla Terra sempre la stessa faccia, l'unica che possiamo vedere.

Le fasi lunari

Durante il mese lunare la faccia della Luna a noi visibile non è sempre uguale in quanto cambiano le dimensioni della parte illuminata dal Sole.
I diversi aspetti che vediamo sono le **fasi lunari** che durano circa una settimana ciascuna.

1ª fase: novilunio o Luna nuova
La Luna si trova tra la Terra e il Sole (si dice in **congiunzione**) ed è a noi invisibile perché ci mostra la faccia non illuminata.

4ª fase: ultimo quarto
Sole e Luna si trovano ancora a 90° rispetto alla Terra (cioè in **quadratura**), quindi vedremo ancora solo un quarto di Luna.

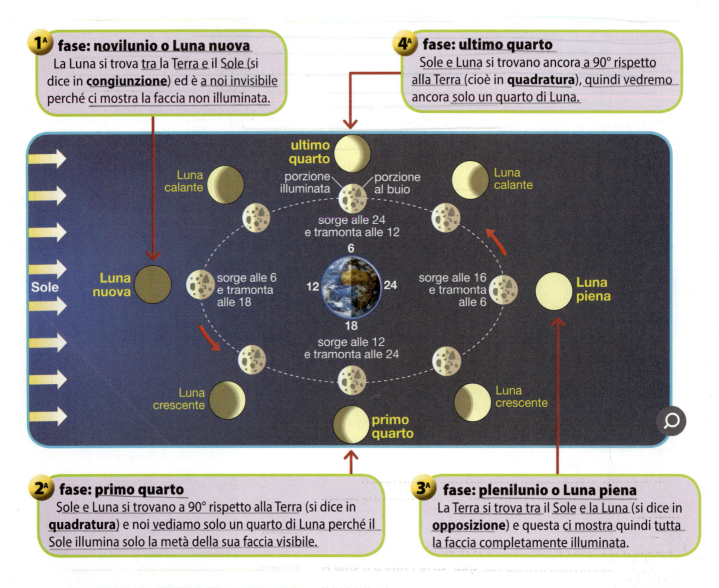

2ª fase: primo quarto
Sole e Luna si trovano a 90° rispetto alla Terra (si dice in **quadratura**) e noi vediamo solo un quarto di Luna perché il Sole illumina solo la metà della sua faccia visibile.

3ª fase: plenilunio o Luna piena
La Terra si trova tra il Sole e la Luna (si dice in **opposizione**) e questa ci mostra quindi tutta la faccia completamente illuminata.

Come avrai notato anche tu, osservando la Luna per tutto un mese lunare, in effetti, non vediamo solo le quattro fasi appena descritte, ma vediamo una sottile falce di Luna che via via aumenta, **Luna crescente**, fino a portarsi dal novilunio al plenilunio e in seguito una Luna piena che progressivamente diminuisce, **Luna calante**, fino a portarsi alla sottile falce dell'ultimo quarto che, diminuendo ancora... sparirà nella Luna nuova.

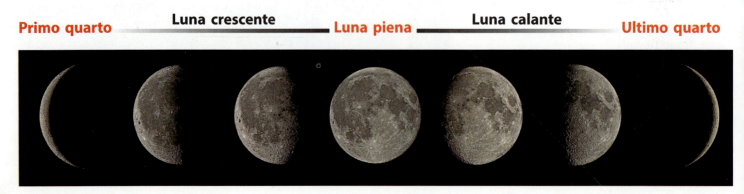

Primo quarto — Luna crescente — Luna piena — Luna calante — Ultimo quarto

Le maree

La forza di attrazione che la Luna e il Sole esercitano sulle masse d'acqua presenti sulla Terra causa un fenomeno particolare, le **maree**, periodici cambiamenti del livello del mare che si ripetono due volte al giorno ogni sei ore circa.

Quando si verifica un innalzamento del livello del mare si parla di **alta marea**.

Quando si verifica un abbassamento del livello del mare si parla di **bassa marea**.

In che modo Luna e Sole causano questo fenomeno?

Nel suo moto di rotazione la Terra, nell'arco delle 24 ore, presenta una parte rivolta verso la Luna e ne subisce l'attrazione: in quella parte e nella parte opposta della Terra l'acqua dei mari si solleva e si ha un'alta marea, che nella parte rivolta verso la Luna è detta **alta marea diretta**, nella parte opposta **alta marea indiretta**. Nello stesso momento nelle località situate lungo lo stesso meridiano posto a 90° a ovest e a est, il livello del mare si abbassa e si ha una **bassa marea**.

Questo fenomeno è intensificato o attenuato secondo la presenza o meno dell'azione del Sole. Se la Luna e il Sole si trovano allineati, all'attrazione lunare si somma l'attrazione solare e si hanno alte maree di massima ampiezza, dette **maree vive**. Se il Sole e la Luna si trovano in quadratura (a 90°), le loro attrazioni si contrastano e si hanno alte maree di ampiezza minima, dette **maree morte**.

Test rapido

- In che cosa consistono i moti di rotazione, rivoluzione e traslazione della Luna?
- Che cosa s'intende per mese lunare?
- Che cosa sono e quali sono le fasi lunari?
- Che cosa sono l'alta marea e la bassa marea?

99

→ La Terra: il nostro pianeta

unità 6
Eclissi di Sole e di Luna

La parola "**eclissi**" significa oscuramento di un corpo celeste a opera di un altro corpo celeste. Ciò avviene per il fenomeno della luce, dovuto alla sua propagazione rettilinea, che abbiamo chiamato "ombra" e che si verifica solo se un corpo viene a trovarsi fra la sorgente luminosa e l'altro corpo.
La Terra e la Luna, come tutti i corpi opachi illuminati, proiettano la loro ombra dalla parte opposta a quella illuminata; ciò fa sì che tutte le volte che Terra, Luna e Sole sono perfettamente allineati, l'ombra della Terra copre parzialmente o completamente la Luna o l'ombra della Luna copre parzialmente o completamente il Sole.
In questo caso, tutti i punti della Terra che si trovano nel cono d'ombra assisteranno all'oscuramento parziale o totale della Luna, **eclissi di Luna**, o del Sole, **eclissi di Sole**.

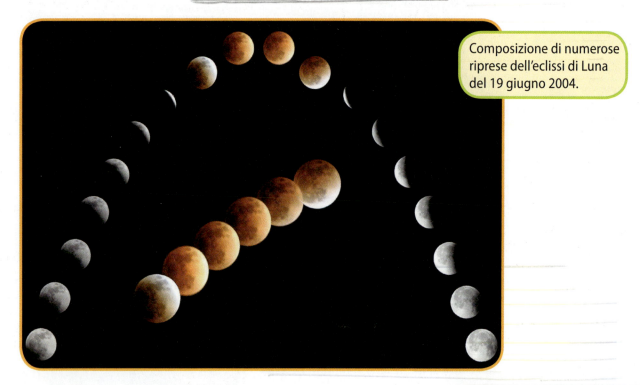

Composizione di numerose riprese dell'eclissi di Luna del 19 giugno 2004.

Quando può accadere tutto ciò?
Ovviamente quando questi tre corpi celesti sono allineati e ciò avviene solo quando la **Luna è in fase di novilunio o plenilunio e tutti e tre i corpi si trovano sulla linea dei nodi**, una retta immaginaria in cui si intersecano il piano dell'orbita lunare e il piano dell'orbita terrestre. Vediamo quando accade esattamente.

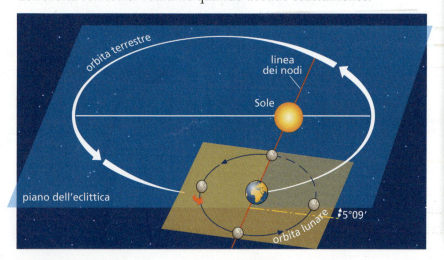

100 Astronomia e Scienze della Terra

ECLISSI DI LUNA

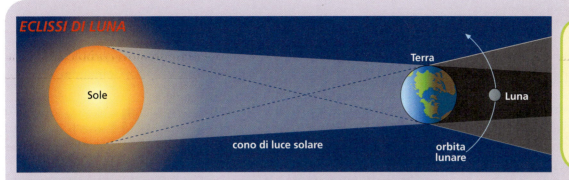

Si ha l'**eclissi di Luna** quando la Terra viene a trovarsi allineata tra il Sole e la Luna in fase di plenilunio e, in questo caso, oscura la Luna con la sua ombra.

Eclissi totale.

Eclissi parziale.

Poiché, in base alla distanza Terra-Luna, la Luna può trovarsi completamente o parzialmente dentro il cono d'ombra, l'oscuramento può essere totale, **eclissi totale di Luna**, o parziale, **eclissi parziale di Luna**.

ECLISSI DI SOLE

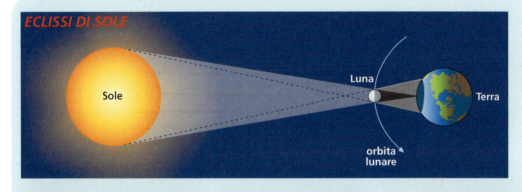

Si ha l'**eclissi di Sole** quando la Luna in fase di novilunio viene a trovarsi allineata tra il Sole e la Terra e, in questo caso, oscura il Sole con la sua ombra.

Eclissi totale.

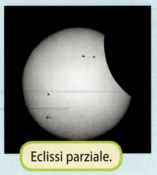
Eclissi parziale.

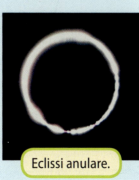
Eclissi anulare.

In base alla distanza Terra-Luna e alla lunghezza del cono d'ombra, l'eclissi di Sole può essere **totale** o **parziale**. Quando la Luna è alla massima distanza dalla Terra si può avere l'**eclissi anulare**: la Luna non copre completamente il Sole del quale rimane visibile solo un anello.

Test rapido

- Che cos'è la Luna?
- Da che cosa è formato il suolo lunare?
- Quali sono le ipotesi sull'origine della Luna?

unità 6

→ La Terra: il nostro pianeta

I fusi orari

Sai sicuramente che, in uno stesso momento, l'ora non è uguale in tutto il mondo: quando a Londra, ad esempio, è mezzogiorno, a Mosca è già dopopranzo e a Pechino è il tramonto. Come mai?

A causa del moto di rotazione della Terra, il Sole "viaggia da est a ovest" passando sopra i vari meridiani. Le località che sono situate sullo stesso meridiano vedono il Sole nella stessa posizione e nello stesso momento, ad esempio a mezzogiorno.
In quello stesso momento, però, in una località situata su un meridiano più a est il Sole è "già passato" e sarà più tardi di mezzogiorno.
Allo stesso modo, in una località situata su un meridiano più a ovest, il Sole "non è ancora passato" e sarà un po' prima di mezzogiorno.
Solo le località situate sullo stesso meridiano hanno lo stesso orario.

In teoria, quindi, ogni volta che andiamo verso est o verso ovest, anche in luoghi abbastanza vicini tra loro, dovremmo spostare avanti o indietro le lancette del nostro orologio. Per evitare questo problema, la superficie terrestre è stata divisa, convenzionalmente, in 24 spicchi, detti **fusi orari**, comprendenti ciascuno 15 meridiani, e si è convenuto che le località comprese nello stesso fuso abbiano la stessa ora, uguale a quella che c'è in corrispondenza del meridiano centrale del fuso.

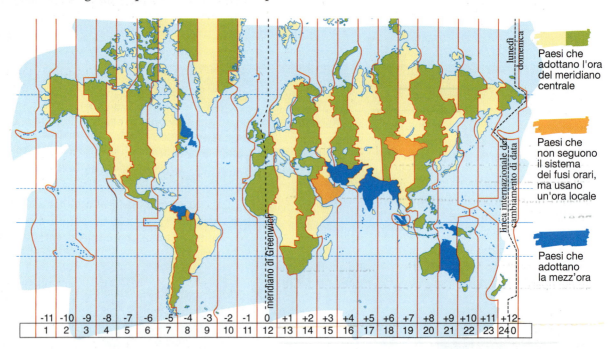

Come puoi vedere nella cartina, passando da un fuso all'altro si aggiunge un'ora se si va verso est, si toglie invece un'ora se si va verso ovest.
Nel suddividere la Terra nei 24 fusi orari, si è fatto in modo che il primo fuso considerato fosse quello avente come meridiano centrale il **meridiano di Greenwich** e quindi il suo antimeridiano, situato dalla parte opposta della Terra, rappresenta la **linea internazionale del cambiamento di data**: attraversando questa linea si torna indietro di un giorno se si procede verso est, si va avanti di un giorno se si procede verso ovest.

Osservatorio di Greenwich.

102 Astronomia e Scienze della Terra

unità 6 — La Terra: il nostro pianeta

fissa i concetti chiave

Che cosa sono reticolato geografico, paralleli e meridiani?

- Il **reticolato geografico** è un immaginario reticolato che i geografi hanno disegnato sulla Terra per potersi orientare sulla sua superficie.
Esso è costituito da 180 circoli orizzontali, detti **paralleli**, e 360 circoli verticali, detti **meridiani**.

- I **paralleli** sono delle circonferenze immaginarie tutte perpendicolari all'asse terrestre e via via più piccole a mano a mano che si avvicinano ai poli.
Il parallelo più lungo, equidistante dai due poli, è l'**equatore**, a nord del quale c'è l'emisfero boreale e a sud l'emisfero australe.
Per convenzione, si considerano 180 paralleli: 90 dall'equatore al polo Nord nell'emisfero boreale e 90 dall'equatore al polo Sud nell'emisfero australe.

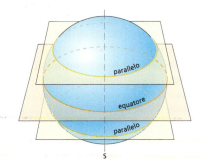

- I **meridiani** sono delle circonferenze immaginarie tutte uguali passanti per i poli, che dividono la Terra in zone simili agli spicchi di un'arancia, perpendicolari ai paralleli. Ogni meridiano è diviso dai poli in due semicirconferenze, il **meridiano** e l'**antimeridiano**.
Il **meridiano di Greenwich**, quello che passa per l'osservatorio astronomico di Greenwich, in Inghilterra, è stato scelto come **meridiano fondamentale** e i meridiani risultano quindi ripartiti 180 a est e 180 a ovest del meridiano di Greenwich.

Che cosa sono latitudine e longitudine?

- La **latitudine** di una località P è la distanza β di P dall'equatore, misurata sull'arco di meridiano compreso fra P e l'equatore.
- La **longitudine** di una località P è la distanza α di P dal meridiano di Greenwich, misurata sull'arco di parallelo compreso fra P e il meridiano fondamentale.

Che cos'è il moto di rotazione della Terra? E quali sono le sue conseguenze?

- Il **moto di rotazione** è quello che la Terra compie ruotando su se stessa in senso antiorario (da ovest verso est) intorno all'**asse terrestre**, l'asse immaginario che incontra la superficie terrestre in due punti: il **polo Nord** o **polo artico** e il **polo Sud** o **polo antartico**.

- Le conseguenze del moto di rotazione sono:
  > **il movimento apparente in senso orario della volta celeste**, e quindi delle stelle, della Luna e del Sole; convenzionalmente diciamo quindi che il **Sole sorge a est e tramonta a ovest**;
  > **l'alternarsi del giorno e della notte**: i raggi del Sole arrivano tutti paralleli sulla Terra e quindi, essendo questa pressoché sferica, la illuminano solo per una metà; la linea immaginaria che separa la zona illuminata (il **dì** o **giorno**) dalla zona oscura (la **notte**) si chiama **circolo d'illuminazione**.

Che cos'è il moto di rivoluzione della Terra? E quali sono le sue conseguenze?

- Il **moto di rivoluzione** è quello che la Terra compie, da ovest verso est, attorno al Sole, descrivendo un'orbita ellittica di circa 940 milioni di chilometri, detta **eclittica**, di cui il Sole occupa uno dei due fuochi.
Durante tale moto l'asse terrestre, che è **inclinato di 66°33' rispetto al piano dell'orbita**, resta costantemente parallelo a se stesso, senza cambiare mai la propria inclinazione.

- Le conseguenze del moto di rivoluzione e dell'inclinazione dell'asse terrestre sono:
  > la **diversa durata del giorno e della notte**: poiché l'asse terrestre è inclinato rispetto al piano dell'orbita, il circolo d'illuminazione non passa sempre per i poli terrestri e quindi la **durata del dì e della notte non è sempre uguale**;
  > l'**alternarsi delle stagioni**; durante il moto di rivoluzione, la Terra viene a trovarsi in quattro posizioni fondamentali che segnano l'inizio delle **stagioni astronomiche: 21 marzo, 21 giugno, 23 settembre** e **22 dicembre**.
Nell'emisfero boreale, questi giorni segnano rispettivamente l'inizio della primavera, dell'estate, dell'autunno e dell'inverno.

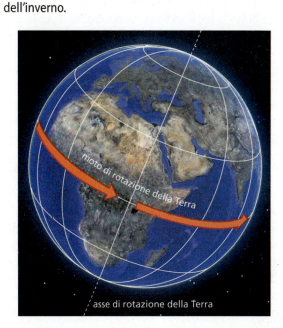

Unità 6 — La Terra: il nostro pianeta

fissa i concetti chiave

Che cos'è la Luna?

- La **Luna**, un corpo celeste che non brilla di luce propria ma della luce riflessa del Sole, è l'**unico satellite naturale** della Terra. Il suo suolo desertico è formato da vaste pianure, alcune più scure che vengono chiamate **mari** e altre più chiare che vengono chiamate **terre**.
Sulla Luna **non c'è atmosfera**; la sua superficie è caratterizzata da **enormi sbalzi di temperatura** ed è priva di acqua.

Come si è formata la Luna?

- Secondo l'**ipotesi della cattura**, la Luna, formatasi lontano dalla Terra per aggregazione di particelle di materiale cosmico, vagava nello spazio ed è stata catturata dal campo gravitazionale della Terra.
- Secondo l'**ipotesi della collisione**, la Luna si è formata per aggregazione di materiale terrestre staccatosi dalla Terra a causa dell'urto con un corpo celeste. Questa ipotesi, detta **Big Splash**, è attualmente la più sostenuta dagli studiosi.
- Secondo l'**ipotesi del distacco**, la Luna si è formata in seguito al distacco di una parte della Terra quando questa, ancora allo stato liquido, era in formazione.
- Secondo l'**ipotesi dell'aggregazione**, la Luna si è formata per aggregazione di frammenti di materiale cosmico che circondavano la Terra durante le prime fasi di formazione del Sistema Solare.

Quali sono i movimenti della Luna?

- Il **moto di rotazione** è quello che la Luna compie ruotando su se stessa, intorno al proprio asse da ovest verso est in un periodo di **27 giorni, 7 ore e 43 minuti**.
- Il **moto di rivoluzione** è quello che la Luna compie ruotando intorno alla Terra in senso antiorario secondo un'orbita ellittica di cui la Terra occupa uno dei fuochi. Il punto di minima distanza dalla Terra è il **perigeo**, quello di massima distanza è l'**apogeo**.
- Il **moto di traslazione** è quello che la Luna compie ruotando intorno al Sole assieme alla Terra lungo l'eclittica.
Tale moto, la cui traiettoria è una complessa curva detta **epicicloide**, avviene con la stessa velocità e nello stesso tempo di quello di rivoluzione della Terra.

Che cosa sono le fasi lunari?

- Durante il **mese lunare**, il tempo necessario perché la Luna ritorni nella stessa posizione rispetto al Sole e alla Terra, la faccia della Luna a noi visibile assume diversi aspetti, le **fasi lunari**, che durano circa una settimana ciascuna. Queste fasi sono:

1ª fase: novilunio o Luna nuova
La Luna si trova tra la Terra e il Sole (si dice in **congiunzione**) ed è a noi invisibile perché ci mostra la faccia non illuminata.

2ª fase: primo quarto
Sole e Luna si trovano a 90° rispetto alla Terra (si dice in **quadratura**); noi vediamo solo un quarto di Luna perché il Sole illumina solo la metà della sua faccia visibile.

3ª fase: plenilunio o Luna piena
La Terra si trova tra il Sole e la Luna (si dice in **opposizione**) e questa ci mostra quindi tutta la faccia completamente illuminata.

4ª fase: ultimo quarto
Sole e Luna si trovano ancora a 90° rispetto alla Terra (cioè in **quadratura**), quindi vedremo ancora solo un quarto di Luna.

Che cosa sono le maree?

- Le **maree** sono periodici cambiamenti del livello del mare che si ripetono due volte al giorno ogni sei ore circa. Esse sono dovute alla forza di attrazione che la Luna e il Sole esercitano sulle masse d'acqua presenti sulla Terra.
Quando si verifica un innalzamento del livello del mare si parla di **alta marea**.
Quando si verifica un abbassamento del livello del mare si parla di **bassa marea**.

Che cosa sono le eclissi?

- La Terra e la Luna, come tutti i corpi opachi illuminati, proiettano la loro ombra dalla parte opposta a quella illuminata; ciò fa sì che tutte le volte che Terra, Luna e Sole sono perfettamente allineati, si determina l'oscuramento parziale o totale della Luna, **eclissi di Luna**, o del Sole, **eclissi di Sole**. Si ha l'**eclissi di Luna** quando la Terra viene a trovarsi allineata tra il Sole e la Luna in fase di plenilunio e, in questo caso, oscura la Luna con la sua ombra. Si ha l'**eclissi di Sole** quando la Luna in fase di novilunio viene a trovarsi allineata tra il Sole e la Terra e, in questo caso, oscura il Sole con la sua ombra.

ECLISSI DI LUNA

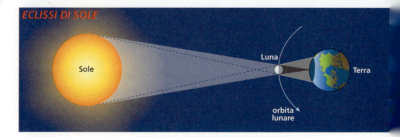

ECLISSI DI SOLE

104 Astronomia e Scienze della Terra

unità 6 — La Terra: il nostro pianeta

ragiona e applica

... le conoscenze

1. Che cos'è il reticolato geografico? ....
   Da che cosa è costituito? ....

2. Che cosa sono i paralleli e i meridiani?

3. Che cosa rappresentano l'equatore e il meridiano di Greenwich?

4. Quali sono le coordinate di una località?

5. Completa le seguenti affermazioni.
   a. La latitudine di una località P è la distanza di P ....,
   misurata sull'arco di .... compreso fra P e ....
   b. La longitudine di una località P è la distanza di P ....,
   misurata sull'arco di .... compreso fra P e ....

6. Completa le seguenti affermazioni.
   a. Il moto di rotazione della Terra è quello ....
   ....
   b. Le sue conseguenze sono ....
   ....

7. Che cos'è il circolo di illuminazione?

8. Che cosa si intende per giorno sidereo? Quanto dura?

9. Che cosa si intende per giorno solare? Quanto dura?

10. Completa le seguenti affermazioni.
    a. Il moto di rivoluzione della Terra è quello ....
    descrivendo un'orbita .... detta ....
    b. Durante il moto di rivoluzione l'asse terrestre, che è ....
    rispetto al piano dell'orbita, resta costantemente ....
    c. Le conseguenze ....
    ....

Il pendolo di Foucault.

105

→ La Terra: il nostro pianeta

ragiona e applica

11. Completa. Nell'emisfero settentrionale:
   a. il 21 marzo inizia ....
   b. il 23 settembre inizia ....
   c. il 21 giugno inizia ....
   d. il 22 dicembre inizia ....

12. Rispondi alle seguenti domande.
   a. Quale giorno è chiamato equinozio di primavera? ....
   b. Che cosa segna nell'emisfero settentrionale? ....
   c. E nell'emisfero meridionale? ....
   d. Quali sono le sue caratteristiche in riferimento alla durata del giorno e della notte? ....
   ....

13. Rispondi alle seguenti domande.
   a. Quale giorno è chiamato solstizio d'inverno? ....
   b. Che cosa segna nell'emisfero settentrionale? ....
   c. E nell'emisfero meridionale? ....
   d. Quali sono le sue caratteristiche in riferimento alla durata del giorno e della notte? ....
   ....

14. Che cos'è la Luna?

15. Descrivi le principali caratteristiche della Luna.

16. Segna il completamento esatto. Sulla Luna:
   a. non c'è atmosfera.
   b. c'è un'atmosfera molto rarefatta.
   c. c'è un'atmosfera ricca di anidride carbonica.

17. Completa.
   La Luna compie il moto di rotazione ruotando ....
   intorno al proprio .... da .... in un
   periodo di ....

18. Completa.
   La Luna compie il moto di rivoluzione ruotando intorno .... in senso
   .... secondo un'orbita .... di cui la Terra
   occupa .... in un periodo di ....

19. Che cosa sono il mese sidereo e il mese lunare?

20. Completa.
   La Luna compie il moto di traslazione ruotando intorno .... seguendo
   .... lungo ....

21. Che cosa sono le fasi lunari? Descrivile.

106 Astronomia e Scienze della Terra

22. Che cosa si intende per alta marea e bassa marea?

23. Qual è la differenza fra maree vive e maree morte?

24. Quando può accadere un'eclissi? Perché?

25. Che cosa si intende per eclissi di Luna? Quando si dice parziale e quando totale?

26. Che cosa si intende per eclissi di Sole? Quando si dice parziale e quando totale?

... le abilità

27. Che cosa rappresentano le seguenti figure?

a.
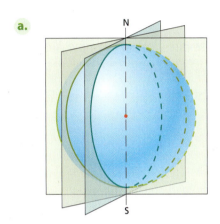

b.
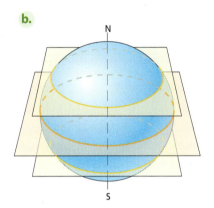

a. ....
....
....

b. ....
....
....

28. Osserva le figure e completa quanto richiesto.

a.
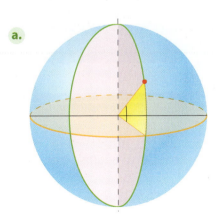

b.
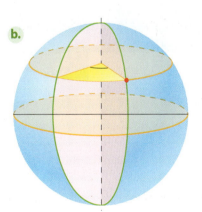

a. La parte colorata in giallo rappresenta la
....

b. La parte colorata in giallo rappresenta la
....

La Terra: il nostro pianeta — ragiona e applica

29. Nel reticolato a fianco disegna la latitudine e la longitudine dei punti A e B.

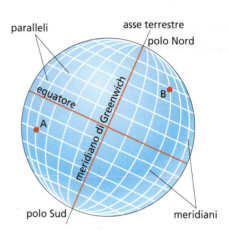

30. Per individuare un punto sulla superficie terrestre è sufficiente dire che, ad esempio, si trova a latitudine 38° e longitudine 40°? Giustifica la risposta.

31. Quali possono essere le coordinate geografiche di un punto P nell'emisfero settentrionale? Segna la risposta esatta.
   a. 22° S - 31° O   c. 0° - 35° E
   b. 35° S - 23° E   d. 24° N - 49° O

32. Completa la figura inserendo i termini e/o le date dove richiesto.

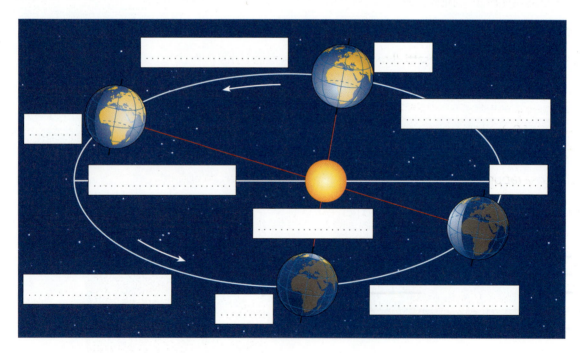

33. Quale delle tre figure rappresenta il solstizio d'estate nel nostro emisfero? Segnala e giustifica la risposta.

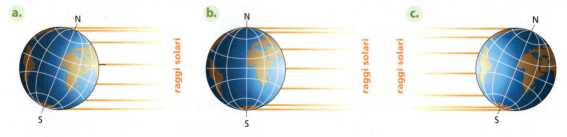

108 Astronomia e Scienze della Terra

34. Quale delle due figure a fianco rappresenta un solstizio e quale un equinozio? Perché?

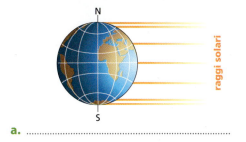 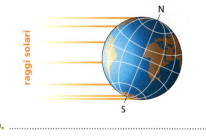

a. .... b. ....

35. Per quale motivo la durata del dì non è mai uguale alla durata della notte, tranne il 21 marzo e il 23 settembre?

36. Se l'asse di rotazione della Terra fosse perpendicolare al piano dell'orbita terrestre, che cosa accadrebbe? Segna l'ipotesi esatta e giustificala.
   a. Non ci sarebbero le stagioni.
   b. Il Sole all'equatore non tramonterebbe mai.
   c. La durata del giorno sarebbe uguale alla durata della notte.

37. Segna il completamento esatto. Nel solstizio d'inverno i raggi del Sole arrivano:
   a. perpendicolari all'equatore.
   b. perpendicolari al Tropico del Cancro.
   c. perpendicolari al Tropico del Capricorno.
   d. perpendicolari al polo Sud.

38. Perché la Luna rivolge alla Terra sempre la stessa faccia?

39. Segna i completamenti esatti. Il moto di rotazione della Luna:
   a. si compie intorno al proprio asse.
   b. si completa in circa 28 giorni.
   c. si compie sullo stesso piano dell'eclittica.
   d. determina il giorno lunare.

40. Che cosa rappresentano le seguenti figure? Scrivilo al posto dei puntini.

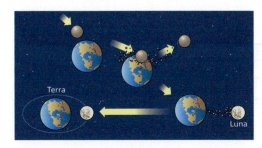

a. ....

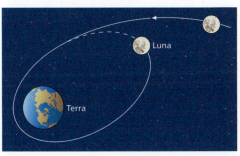

b. ....

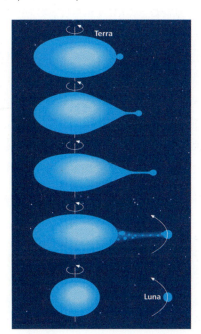

c. ....

→ La Terra: il nostro pianeta

▼ ragiona e applica

41. Osserva le due figure e indica che tipo di marea (alta o bassa) si sta verificando in ciascuna di esse nel punto A. Giustifica la risposta.

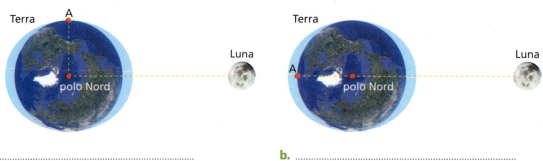

a. .... b. ....

42. Vero o falso? Scrivilo accanto a ciascuna affermazione.

    a. Le fasi lunari sono quattro. ....

    b. Nella fase di Luna nuova il nostro satellite è interamente visibile. ....

    c. I quarti di Luna sono quattro. ....

    d. Durante la fase di Luna piena la Luna è parzialmente visibile. ....

43. Spiega che cosa rappresentano le seguenti figure dopo aver inserito i termini richiesti.

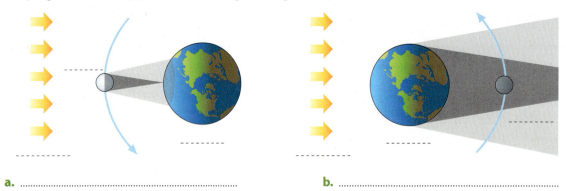

a. .... b. ....

44. Riguardo alle eclissi, se supponessimo che l'orbita lunare e quella terrestre giacessero sullo stesso piano, quale o quali di queste condizioni si potrebbero verificare? Segnale.

    a. Non ci sarebbero mai eclissi di Sole.

    b. A ogni novilunio ci sarebbe un'eclissi di Sole.

    c. Non ci sarebbero mai eclissi di Luna.

    d. A ogni plenilunio ci sarebbe un'eclissi di Luna.

    e. Ci sarebbero un'eclissi di Sole e una di Luna ogni settimana.

45. Quale delle tre figure rappresenta un'eclissi totale di Luna? E quale un'eclissi totale di Sole? ....

Perché? ....
....
....
....

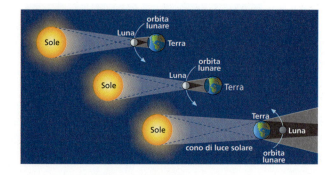

110 Astronomia e Scienze della Terra

Unità 7

LA TERRA: MINERALI E ROCCE

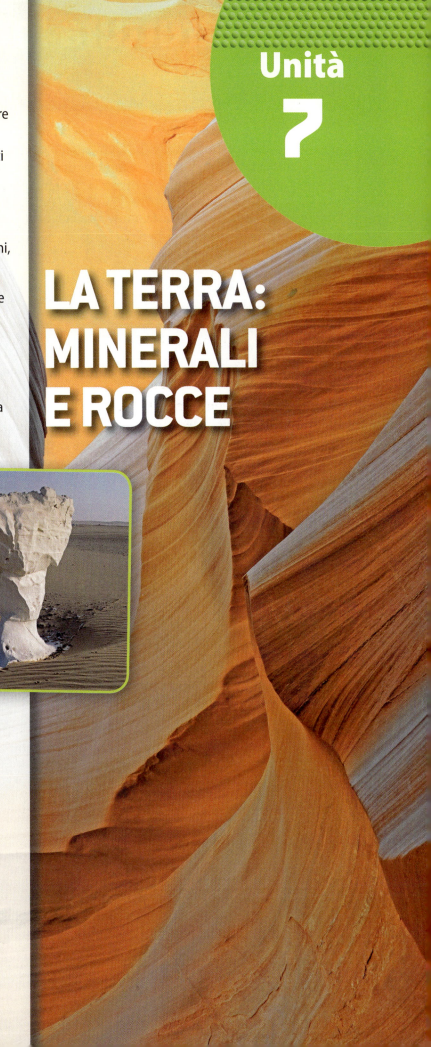

Perché ne parliamo?

Continuiamo a parlare del pianeta sul quale viviamo. Se immaginassi di scavare una buca così profonda da arrivare al centro della Terra, che cosa pensi di potervi trovare?

Un ambiente sempre uguale o diverso a mano a mano che ti avvicini al centro, sempre più freddo o sempre più caldo? Come immagini, insomma, l'interno della Terra? L'uomo non è mai andato oltre i 15 km di profondità; che cosa sappiamo allora dell'interno della Terra?

E rimettendo i piedi sulla superficie, il terreno su cui cammini, la sabbia di una bella spiaggia o un'impervia montagna, sai che sono tutti formati da **minerali** che nel corso di migliaia e migliaia di anni si sono aggregati e hanno dato origine alle **rocce**?

E sai che questo processo continua ancora adesso? E queste rocce così diverse, come si sono formate?

Vogliamo rispondere anche a queste domande?

Intraprendiamo allora questo viaggio verso… l'interno della Terra per poi risalire e osservarne ancora l'esterno.

Contenuti
- La struttura interna della Terra
- I minerali: struttura e proprietà
- Origine e classificazione delle rocce
- Il ciclo delle rocce

Prerequisiti
- Conoscere le proprietà e le caratteristiche degli stati di aggregazione
- Conoscere i cambiamenti di stato

Obiettivi
- Conoscere la struttura interna della Terra e riconoscere le caratteristiche dei vari strati
- Sapere che cos'è un minerale e riconoscerne le proprietà
- Sapere cosa sono le rocce e riconoscerne l'origine e i vari tipi

unità 7 La struttura interna della Terra

Siamo entrati nel Sistema Solare e ci siamo occupati, in particolare, della Terra esaminando le sue caratteristiche in quanto pianeta del Sistema Solare. Esaminiamo adesso la sua struttura interna, quella che, come ricorderai, abbiamo iniziato a osservare parlando della **litosfera**. Riprendiamo il discorso.

L'interno della Terra è ancora una conoscenza indiretta: l'uomo, infatti, non è riuscito a scavare al di sotto dei 15 km, ben poco rispetto ai 6378 km del raggio terrestre.

Le prove indirette (i terremoti, lo studio dei meteoriti, le caratteristiche fisiche della Terra stessa) hanno permesso comunque di elaborare un **modello di struttura interna** della Terra in base al quale il pianeta Terra è costituito da tre gusci concentrici: la **crosta terrestre**, il **mantello** e il **nucleo**.

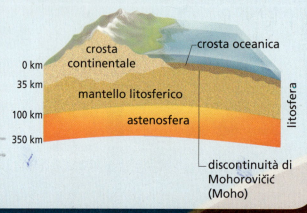

Possiamo riassumere quanto detto nel seguente schema.

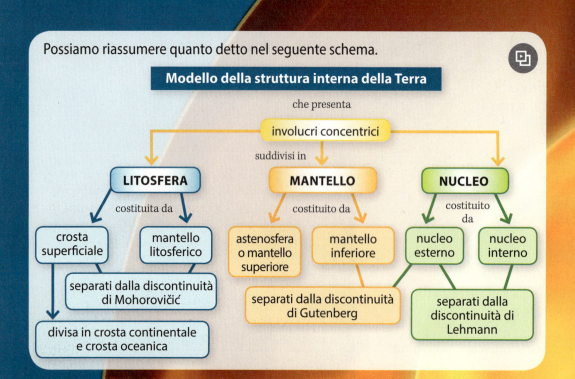

discontinuità di Gutemberg

discontinuità di Lehmann

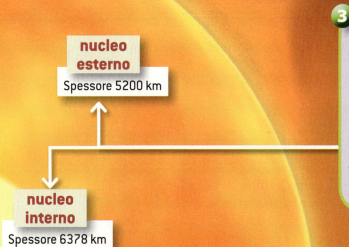

1 La crosta terrestre

La **crosta terrestre** è lo strato più esterno, quello su cui camminiamo e su cui svolgono le loro attività i vari esseri viventi.
Comprende le masse dei continenti, che formano la **crosta continentale**, e i fondali oceanici, che formano la **crosta oceanica**. Ha uno spessore variabile da un minimo di 5-15 km nei fondali oceanici a un massimo di 70 km sotto le grandi catene montuose. È di consistenza solida ed è formata soprattutto da silicati di alluminio.

2 Il mantello

Il **mantello** è lo strato che si estende sotto la crosta terrestre, da cui è separato dalla **discontinuità di Mohorovičić** o **Moho** (una discontinuità è la zona di separazione di due strati con caratteristiche diverse).
Ha uno spessore di circa 2900 km, è formato soprattutto da silicati di magnesio e di ferro e ha caratteristiche intermedie tra lo stato solido e quello liquido.
Occupa un volume pari a circa l'80% di quello di tutta la Terra ed è suddiviso in *mantello superiore* o *litosferico*, *astenosfera* e *mantello inferiore*.

- Il **mantello litosferico** si trova immediatamente sotto la crosta terrestre, con la quale forma la **litosfera**, ed è di consistenza rigida.
- L'**astenosfera**, la zona di mezzo, ha consistenza viscosa ed è parzialmente fusa.
- Il **mantello inferiore** si estende fino al nucleo, arrivando a una profondità di 2900 km, e ha consistenza nuovamente rigida.

3 Il nucleo

Il **nucleo**, separato dal mantello da un'altra discontinuità, la **discontinuità di Gutenberg**, è la parte più interna della Terra. È costituito soprattutto da nichel e ferro e si estende per uno spessore di circa 3400 km fino al centro della Terra. È suddiviso in **nucleo esterno** (fino a 5200 km di profondità), una zona allo stato liquido contenente anche zolfo, e in **nucleo interno**, una zona allo stato solido la cui temperatura raggiunge i 4000-5000 °C; le due parti sono separate dalla **discontinuità di Lehmann**.

crosta

mantello superiore
(comprende astenosfera e mantello litosferico)
Spessore 700 km

mantello inferiore
Spessore 2900 km

nucleo esterno
Spessore 5200 km

nucleo interno
Spessore 6378 km

→ La Terra: minerali e rocce

Il calore della Terra

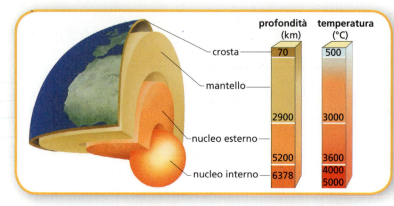

Andando dalla superficie terrestre verso il centro della Terra, come vedi, la temperatura aumenta in modo continuo ma non regolare, fino a raggiungere nel nucleo valori compresi tra i 4000 °C e i 5000 °C. Come mai?

Precise misure ci confermano che la temperatura aumenta di 3 °C ogni 100 m di profondità. Ciò però solo fino a una certa profondità, altrimenti verso il centro della Terra si raggiungerebbe una temperatura di circa 200 000 °C e ciò è incompatibile con l'esistenza stessa della Terra.

Da dove proviene questo calore?
Questo calore proviene dalle reazioni nucleari di alcuni elementi radioattivi, come l'uranio che, trasformandosi in elementi di numero atomico inferiore (decadimento radioattivo), emettono enormi quantità di energia e, poiché negli strati più interni gli elementi radioattivi sono presenti in quantità minore, **da una certa profondità in poi la temperatura è quasi costante**.

Come si propaga questo calore?
Secondo gli scienziati il calore all'interno della Terra si propaga per **convezione**.
Per convezione, come ricorderai, il materiale riscaldato si espande, diventa più leggero e tende a salire, spostando quello freddo e più pesante che tende invece a scendere formando così dei **moti convettivi** che causano il rimescolamento del materiale. Nel mantello superiore, per la pressione e la temperatura elevate, si creano proprio dei moti convettivi.

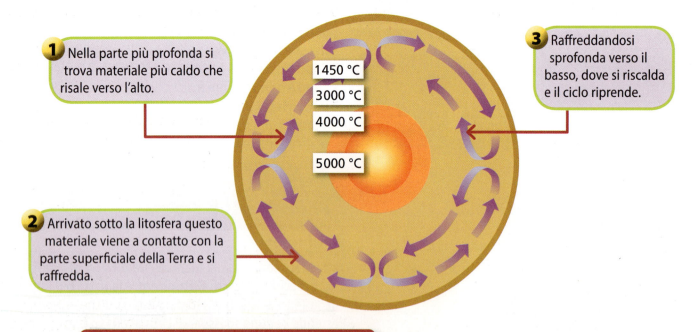

Test rapido

- Quanti e quali gusci costituiscono l'interno della Terra?
- In quali parti si suddivide il mantello?
- Che cosa sono le discontinuità e quali incontriamo all'interno della Terra?
- Da dove deriva e come si propaga il calore interno della Terra?

114 Astronomia e Scienze della Terra

I minerali: struttura e proprietà

La **crosta terrestre**, la parte più esterna della litosfera, è quindi una specie di sottile "buccia" solida che comprende la **crosta continentale** e la **crosta oceanica**.

Come sappiamo è costituita quasi esclusivamente (al 99%) da **silicio**, **ossigeno**, **alluminio**, **ferro**, **calcio**, **sodio**, **potassio**, **magnesio**. Questi elementi che compongono la crosta terrestre e i loro composti sono quelli che chiamiamo **minerali**, i costituenti fondamentali delle **rocce** che, nel loro insieme, formano la crosta terrestre.

I minerali

> La crosta terrestre è costituita essenzialmente dalle **rocce**, aggregati naturali di materiali che si chiamano **minerali**.

Che cosa sono esattamente i minerali?

> I **minerali** sono sostanze naturali (elementi o composti), solide e con una composizione chimica definita e costante; si trovano in accumuli omogenei più o meno estesi.

- Sono **sostanze naturali** perché si formano attraverso processi naturali fisici e chimici.
- Sono **sostanze solide** perché possiedono forma e volume propri e grandi forze di coesione tra le molecole, proprietà tipiche dello stato solido (l'unico minerale liquido è il mercurio).
- Sono **sostanze omogenee** perché hanno composizione e proprietà uguali in ogni loro parte.

La struttura spaziale e ordinata degli atomi dei minerali prende il nome di **reticolo cristallino**. Il reticolo cristallino può essere quindi pensato come l'insieme di tante strutture elementari aventi forme geometriche semplici ben precise (cubo, parallelepipedo ecc.). L'insieme di queste strutture elementari costituisce il **sistema cristallino**, o la **struttura cristallina**, dei minerali.

Sistema cristallino del salgemma, cloruro di sodio (NaCl).

115

I sistemi cristallini sono classificati, in base alla presenza o meno di elementi di simmetria nel reticolo cristallino, in sette tipi fondamentali: **cubico**, **tetragonale**, **esagonale**, **trigonale** o **romboedrico**, **rombico**, **monoclino** e **triclino**; questi, aggregandosi, formano tutti i tipi di reticoli cristallini dei vari minerali esistenti in natura.
Osserviamone alcuni.

Sistema cubico del platino.

Sistema esagonale della grafite.

Sistema tetragonale della wulfenite.

I minerali hanno quindi forme poliedriche ben precise in base alla struttura cristallina; fanno eccezione alcuni minerali, detti **amorfi**, che presentano una struttura disordinata delle molecole.

Proprietà fisiche dei minerali

Accanto alla struttura cristallina e alla composizione chimica, che permette la suddivisione dei minerali in otto classi, ogni minerale presenta delle proprietà fisiche che ne consentono il riconoscimento anche a occhio nudo. Queste proprietà fisiche sono importanti perché determinano i possibili campi di utilizzo dei minerali. Esaminiamo le principali.

Oro nativo, $\rho = 19{,}3$ g/cm^3.

- La **densità**, che si indica con la lettera greca ρ, **è il rapporto tra la massa (m) del minerale e il suo volume (V)**: $\rho = m/V$ e si esprime in kg/dm^3 o in g/cm^3.
La densità, o massa specifica, determina la maggiore o minore pesantezza di un minerale; conoscerla è molto importante da un punto di vista pratico, in quanto i minerali più pesanti possono essere separati con un semplice filtraggio o lavaggio. Sono minerali pesanti il platino (21,4 g/cm^3), l'oro (19,3 g/cm^3), il piombo (11,4 g/cm^3), il rame (8,96 g/cm^3), il cinabro (8,1 g/cm^3) e il ferro (7,86 g/cm^3).

- La **durezza è la resistenza che il minerale presenta alla scalfittura**. Ci sono minerali molto teneri, come il talco, che possono essere scalfiti con un'unghia, e altri molto duri, come il quarzo, che neppure l'acciaio riesce a scalfire.

Esiste una "scala delle durezze", detta **scala di Mohs**, dal nome del mineralogista tedesco **Friedrich Mohs** (1773-1839) che la ideò; essa stabilisce dieci gradi di durezza prendendo come riferimento dieci minerali, ciascuno dei quali è scalfito da quello che, nella scala, lo segue e può scalfire quello che lo precede.

In base alla durezza, che determina i possibili usi del minerale stesso, i minerali si distinguono in: **teneri**, usati come lubrificanti; **semiduri**, usati come abrasivi; **duri**, usati per incidere materiali; **durissimi**, usati per tagliare materiali.

Grado di durezza	Minerale	Qualità	Tipo
1	Talco	sono scalfiti da un'unghia	teneri
2	Gesso		
3	Calcite	sono scalfiti da una punta d'acciaio	semiduri
4	Fluorite		
5	Apatite		
6	Ortoclasio	è scalfito dal vetro	duri
7	Quarzo	sono scalfiti solo dai minerali che li seguono	durissimi
8	Topazio		
9	Corindone		
10	Diamante		

1. Talco   2. Gesso   3. Calcite   4. Fluorite   5. Apatite
6. Ortoclasio   7. Quarzo   8. Topazio   9. Corindone   10. Diamante

- La **sfaldatura è la proprietà di spaccarsi lungo superfici piane regolari e parallele alle facce del minerale, dette piani di sfaldatura**. Essa dipende dal reticolo cristallino e dai legami atomici. I vari minerali presentano sfaldatura più o meno facile, come la mica, la siderite, il topazio, l'ortoclasio e la grafite, o non presentano affatto tale proprietà.

→ **La Terra: minerali e rocce**

● La **tenacità è la capacità di resistere ad azioni meccaniche**, quali gli urti, e dipende dal reticolo cristallino e dai legami atomici. In base alla tenacità un minerale può essere:
  – **fragile**, se sotto l'azione di una forza si rompe facilmente come il quarzo, il diamante, l'ametista;
  – **malleabile**, se può essere ridotto in lamine sottilissime come l'oro, il platino, l'argento, la mica;
  – **duttile**, se può essere ridotto in fili sottili come l'oro, il platino, l'argento;
  – **flessibile**, se si piega facilmente come il talco, la mica;
  – **elastico**, se si piega facilmente ma poi ritorna nella posizione iniziale come il talco.

L'ametista è un minerale fragile.

● La **conducibilità elettrica è la capacità di propagare la corrente elettrica**. Alcuni minerali, come la grafite, l'argento, il rame, l'oro e l'alluminio, sono **buoni conduttori**; altri, come la mica, sono **cattivi conduttori** e si usano come isolanti elettrici.

● La **piezoelettricità è un particolare fenomeno elettrico** presentato da alcuni minerali, come il quarzo e la tormalina. Questi minerali sono isolanti ma, tagliati in lamine sottili e sottoposti a pressione, liberano sulle facce opposte cariche elettriche di segno contrario. Essi vengono chiamati piezoelettrici e sono usati in vari apparecchi, quali accendini, orologi al quarzo, microfoni e sonar, per la loro capacità di trasformare le pressioni meccaniche in segnali elettrici.

● Il **colore è una caratteristica ottica dei minerali** che però non è sempre utile per identificare un minerale perché alcuni minerali presentano una certa varietà di colori. Il quarzo, ad esempio, può essere bianco, giallo, rosa o viola.
I minerali che presentano varietà di colori sono detti **allocromatici**, quelli che presentano sempre uno stesso colore sono detti **idiocromatici**.

Il quarzo è un minerale allocromatico: partendo da sinistra puoi osservare la varietà bianca, quella rosa e quella azzurra.

Lo smeraldo (verde) e il rubino (rosso) sono minerali idiocromatici.

118 Astronomia e Scienze della Terra

- La **lucentezza** è la più vistosa proprietà ottica di un minerale e **consiste nella capacità di riflettere o meno la luce**.
  Si possono distinguere vari tipi di lucentezza:
  – **adamantina**, tipica del diamante;
  – **cerea**, tipica dell'alabastro;
  – **vitrea**, tipica del quarzo;
  – **resinosa**, tipica dello zolfo;
  – **metallica**, tipica dei minerali metallici;
  – **madreperlacea**, tipica del talco.

Diamante. Alabastro. Quarzo.
Zolfo. Pirite. Talco.

FOCUS SU...

Oggi si conoscono circa 3000 minerali diversi che vengono classificati in otto classi in base alla forma geometrica, alla composizione chimica e al reticolo cristallino.

1ª classe: ELEMENTI NATIVI
Sono minerali formati da un solo elemento chimico: oro, argento, rame, piombo, ferro, zinco, carbonio (diamante e grafite) ecc.

2ª classe: SOLFURI
Sono minerali formati da vari elementi metallici combinati con lo zolfo: galena (piombo e zolfo), pirite (ferro e zolfo), cinabro (mercurio e zolfo) ecc.

3ª classe: ALOGENURI
Sono minerali formati da vari elementi combinati con fluoro e cloro: fluorite (calcio e fluoro), salgemma (sodio e cloro) ecc.

4ª classe: OSSIDI
Sono minerali formati da vari elementi metallici combinati con l'ossigeno o con composti contenenti ioni OH: quarzo (silicio e ossigeno), ematite (ferro e ossigeno), limonite (idrossido di ferro) ecc.

5ª classe: CARBONATI
Sono minerali formati da vari elementi metallici combinati con il gruppo carbonico (CO_3): siderite (ferro e gruppo carbonico), malachite (rame e gruppo carbonico) ecc.

6ª classe: SOLFATI
Sono minerali formati da vari elementi metallici combinati con il gruppo solforico (SO_4): celestina (stronzio e gruppo solforico), barite (bario e gruppo solforico) ecc.

7ª classe: FOSFATI
Sono minerali formati da vari elementi combinati con il gruppo fosforico (PO_4): apatite (calcio, fluoro, cloro e gruppo fosforico) ecc.

8ª classe: SILICATI
Sono minerali formati da vari elementi combinati con il gruppo silicico (SiO_4): topazio (alluminio, fluoro e gruppo silicico), mica (alluminio e gruppo silicico) ecc.

Test rapido

- Che cosa sono i minerali?
- Che cos'è il reticolo cristallino?
- Quali sono le proprietà fisiche dei minerali?

→ La Terra: minerali e rocce

Origine e classificazione delle rocce

Nel corso di migliaia e migliaia di anni, i minerali si sono aggregati fra loro dando origine a masse considerevoli che, come abbiamo detto, sono i costituenti fondamentali della crosta terrestre: le **rocce**.

> Una **roccia** è un aggregato eterogeneo di minerali che costituisce una massa geologicamente indipendente.

Osservando alcuni campioni di rocce, anche a occhio nudo, possiamo notare che presentano un aspetto diverso. Le rocce possono essere differenti tra loro per il colore, per la struttura, per l'aspetto, al tatto, per la durezza ecc. Ciò è dovuto, oltre che alla diversa composizione mineralogica, anche alla diversa struttura delle rocce che dipende dai diversi processi da cui hanno avuto origine, cioè dai diversi modi in cui i vari minerali si sono aggregati fra loro.

Basalto.

Granito.

Pomice.

Ossidiana.

Gneiss.

In base alla loro origine, infatti, le rocce sono classificate in:
- **rocce magmatiche**, se derivano dalla solidificazione per raffreddamento del magma;
- **rocce sedimentarie**, se si sono formate per il deposito di materiali di composizione e origine diverse;
- **rocce metamorfiche**, se derivano dalla trasformazione delle rocce magmatiche o sedimentarie.

Le rocce magmatiche

Le **rocce magmatiche**, dette anche **ignee** (dal latino *ignis*, "fuoco"), rappresentano le più antiche rocce presenti sulla Terra; la loro formazione risale, infatti, a circa 4 miliardi di anni fa.

Si formano ancora adesso per raffreddamento e successiva solidificazione del magma presente nel mantello che fuoriesce attraverso i crateri dei vulcani.

> Le **rocce magmatiche** sono rocce che si originano dal raffreddamento e dalla successiva solidificazione (**cristallizzazione**) del magma.

Il processo di raffreddamento e solidificazione del magma può avvenire nel sottosuolo o in superficie e, in base a ciò, le rocce magmatiche si suddividono in:
– **rocce intrusive**, se tale processo avviene nel sottosuolo;
– **rocce effusive**, se avviene in superficie.

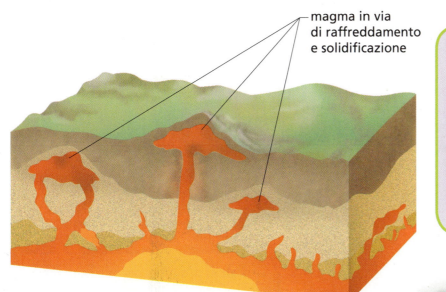

magma in via di raffreddamento e solidificazione

> Nella formazione **intrusiva** è il magma presente nel sottosuolo a raffreddarsi e a solidificare.
> Le **rocce intrusive** si raffreddano e solidificano quindi molto lentamente, per cui nella loro massa si possono formare cristalli di notevoli dimensioni che danno alla roccia una struttura granulare.
> Sono rocce intrusive il **granito**, la **sienite** e la **diorite**.

> Nella formazione **effusiva** è il magma fuoriuscito da un cratere vulcanico a raffreddarsi e a solidificare. Le **rocce effusive**, derivanti dalle colate laviche dei vulcani, quindi si raffreddano più rapidamente e a volte solidificano senza che vi sia il tempo sufficiente perché si possano formare dei cristalli. Esse infatti, nella maggior parte dei casi, hanno una struttura amorfa (non cristallina) o microcristallina. Sono esempi di rocce effusive i **basalti**, le **ossidiane**, i **porfidi** e la **pomice**.

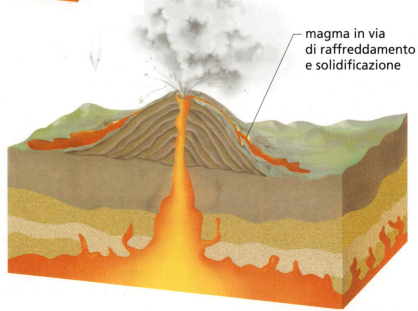

magma in via di raffreddamento e solidificazione

unità 7 — La Terra: minerali e rocce

Le rocce sedimentarie

Le **rocce sedimentarie** sono il risultato di un accumulo di materiali di diverso tipo.

> Le **rocce sedimentarie** sono rocce che si originano dal deposito di materiale proveniente da altre rocce che si disgregano e, accumulandosi, sedimentano (si depositano) e cementificano.

In base al tipo di sedimentazione si suddividono in tre gruppi: **clastiche**, **chimiche** e **organogene**.

- Le **rocce sedimentarie clastiche** derivano dal disgregamento di rocce preesistenti. Tale disgregamento causa il formarsi di frammenti rocciosi, detti **clasti**, che per successiva sedimentazione e cementificazione danno origine ad altre rocce. In base alla dimensione di questi clasti le rocce sedimentarie si distinguono in **conglomerati**, **arenarie** e **argilliti** (particelle finissime e impalpabili consolidate in fango).

Le **arenarie** si formano per sedimentazione delle sabbie e sono formate da piccoli granuli di diametro compreso fra 0,03 e 2 mm.

I **conglomerati** si formano per sedimentazione di ghiaie, ciottoli e sassi e sono formati da frammenti grossolani di diametro superiore a 2 mm.

Le **argilliti** si formano per sedimentazione di fanghi (argilla) e sono formate da particelle piccolissime di diametro inferiore a 0,03 mm.

Un particolare tipo di rocce clastiche sono le **rocce piroclastiche**, formate non da rocce preesistenti ma da frammenti di lava eruttati dai vulcani e raffreddatisi rapidamente.
Sono rocce piroclastiche i **tufi vulcanici**.

- Le **rocce sedimentarie chimiche** si sono formate per l'azione chimica dell'acqua. Questa, infatti, nel suo cammino attraverso le rocce, scioglie i sali presenti e li trasporta in conche dove, per effetto dell'alta concentrazione, i sali si depositano e danno origine, in tempi più o meno lunghi, a rocce compatte. Sono generalmente rocce semplici perché formate dall'accumulo di un'unica sostanza.

Tufo vulcanico.

Tra le più comuni rocce sedimentarie chimiche ricordiamo il **salgemma** (deposito di cloruro di sodio), il **gesso** (deposito di solfato di calcio) e il **calcare** (deposito di calcite; ricordiamo il travertino, l'alabastro, le stalattiti e le stalagmiti).

- Le **rocce sedimentarie organogene** si sono formate per la sedimentazione di resti (gusci o scheletri) di piccoli organismi acquatici (diatomee, coralli, piccoli molluschi, alghe) fissati e cementati tra loro da sali di calcio, di magnesio e di silice. Rocce organogene sono le **dolomie**, formate da dolomite e da fossili animali e vegetali; queste rocce costituiscono, ad esempio, il gruppo montuoso delle Dolomiti, le splendide montagne del Trentino-Alto Adige. Sono rocce organogene anche i **carboni fossili** (torba, lignite, litantrace e antracite) originatisi da depositi di sostanze ricche di carbonio, come i resti di intere foreste, e il **petrolio**, originatosi anch'esso da depositi di organismi animali e vegetali.

Salgemma. Gesso. Travertino. Dolomia.

Le rocce metamorfiche

Le rocce **metamorfiche** derivano dalla trasformazione delle rocce magmatiche e sedimentarie. Queste, infatti, in seguito ai movimenti della crosta terrestre, possono trovarsi a pressione e temperatura differenti da quelle alle quali si erano stabilizzati i minerali da cui sono formate e possono quindi trasformarsi sia nell'aspetto sia nella composizione.

> Le **rocce metamorfiche** sono rocce che si originano da quelle magmatiche o sedimentarie (ma anche da altre rocce metamorfiche) che, in particolari condizioni di pressione e di temperatura, subiscono profonde trasformazioni sia nella struttura sia nella composizione.

Sono esempi di rocce metamorfiche:
- lo **gneiss**, derivato dal granito che, sottoposto a forti pressioni, assume un aspetto lamellare;
- l'**ardesia**, derivata dall'argilla che, stirata e pressata, assume anch'essa un aspetto lamellare;
- il **marmo**, derivato da rocce calcaree che, sottoposte al calore del magma interno, ricristallizzano in una struttura granulosa e generalmente compatta.

Gneiss. Ardesia tagliata in lastre. Cava di marmo.

Test rapido

- Che cos'è una roccia?
- Quando una roccia si dice magmatica?
- Qual è la differenza fra roccia magmatica intrusiva ed effusiva?
- Quando una roccia si dice sedimentaria?
- Come può essere una roccia sedimentaria?
- Quando una roccia si dice metamorfica?

unità 7 → La Terra: minerali e rocce

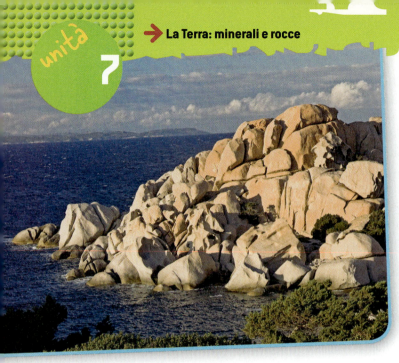

Il ciclo delle rocce

Se osserviamo una roccia, abbiamo la sensazione di qualcosa di immobile, immutabile, fermo nel tempo. In realtà le rocce, anche se in maniera impercettibile, mutano continuamente, sottoposte, come sono, a processi di continua trasformazione.

Queste trasformazioni, causate da una lenta ma costante disgregazione delle rocce, rimodellano incessantemente l'aspetto della superficie terrestre in un continuo ciclo di trasformazione, detto appunto **ciclo delle rocce** o **ciclo litogenetico**.

In questo ciclo delle rocce, possiamo osservare tre fasi fondamentali.

1 Una prima fase comprende i fenomeni magmatici che, dalla fuoriuscita del magma, attraverso il suo successivo raffreddamento interno o esterno danno origine alle rocce magmatiche.

2 La seconda fase comprende i fenomeni sedimentari di queste rocce che, esposte a vari agenti, vengono erose, disgregate, trasportate e sedimentate dando origine alle rocce sedimentarie.

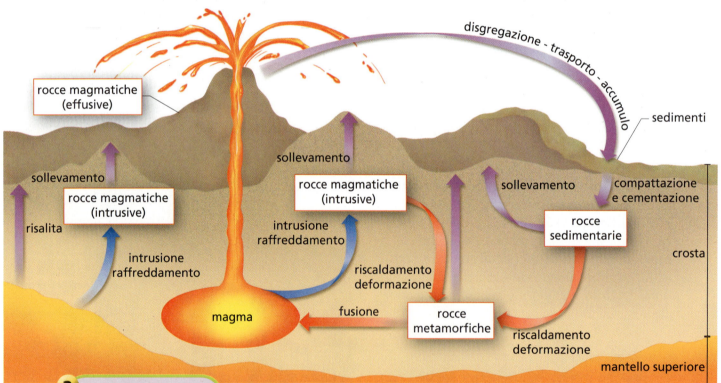

3 La terza fase è innescata dai fenomeni metamorfici che, sottoponendo le rocce a pressioni e temperature diverse da quelle iniziali, danno origine alle rocce metamorfiche.

Le fasi del ciclo delle rocce nella realtà non avvengono necessariamente in quest'ordine; le rocce magmatiche, ad esempio, possono trasformarsi direttamente in rocce metamorfiche senza passare dalla fase di sedimentazione. Tutte le varie fasi inoltre avvengono in tempi lunghissimi, si parla di milioni di anni, e si susseguono incessantemente sempre aperte a nuovi apporti magmatici e agli inevitabili e continui contributi degli agenti atmosferici in genere. Che cosa causa queste continue trasformazioni?

124 Astronomia e Scienze della Terra

Le continue trasformazioni delle rocce e il conseguente mutamento della superficie terrestre sono il risultato di due tipi di forze naturali: **endogene** (dal greco *endogenés*, "nato dentro"), forze interne alla Terra legate all'azione dei vulcani e dei terremoti e ai movimenti della crosta terrestre stessa, ed **esogene**, forze esterne causate dagli agenti atmosferici (vento, acqua, temperatura) e dagli organismi viventi che popolano la Terra.

Nel loro insieme, agenti atmosferici e organismi viventi determinano **fattori fisici**, **chimici** e **biologici** di demolizione della crosta terrestre con continui processi di **erosione**, **trasporto** e **sedimentazione** delle rocce che, nel corso degli anni, contribuiscono a cambiare il paesaggio terrestre.

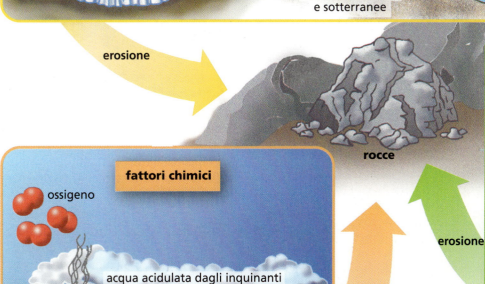

Test rapido

- Che cosa s'intende per ciclo delle rocce?
- Quali sono le fasi del ciclo delle rocce?
- Qual è la causa delle continue trasformazioni delle rocce?

unità 7 — La Terra: minerali e rocce

fissa i concetti chiave

Qual è la struttura interna della Terra?

- La Terra è costituita da tre gusci concentrici: la **crosta terrestre**, il **mantello** e il **nucleo**.
  - La **crosta terrestre**, lo strato più esterno, comprende la **crosta continentale** e la **crosta oceanica**. Ha uno spessore variabile da un minimo di 5-15 km nei fondali oceanici a un massimo di 70 km sotto le grandi catene montuose. È di consistenza solida ed è formata soprattutto da silicati di alluminio.
  - Il **mantello** si estende sotto la crosta terrestre, da cui è separato dalla **discontinuità di Mohorovičić** o **Moho**. Ha uno spessore di circa 2900 km ed è suddiviso in mantello superiore o litosferico, astenosfera e mantello inferiore.
    - Il **mantello litosferico** si trova sotto la crosta terrestre, con la quale forma la **litosfera**.
    - L'**astenosfera**, la zona di mezzo, ha consistenza viscosa ed è parzialmente fusa.
    - Il **mantello inferiore** si estende fino al nucleo, arrivando a una profondità di 2900 km, e ha consistenza nuovamente rigida.
  - Il **nucleo**, separato dal mantello dalla **discontinuità di Gutenberg**, è la parte più interna della Terra. È costituito soprattutto da nichel e ferro e si estende per uno spessore di circa 3400 km fino al centro della Terra. È suddiviso in **nucleo esterno** (fino a 5200 km di profondità) e in **nucleo interno**, una zona allo stato solido, la cui temperatura raggiunge i 4000-5000 °C; le due parti sono separate dalla **discontinuità di Lehmann**.

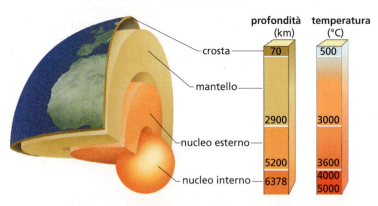

Da dove proviene e come si propaga il calore interno della Terra?

- Il calore interno della Terra deriva dalle reazioni nucleari (decadimento radioattivo) di alcuni elementi radioattivi come l'uranio che, trasformandosi in elementi di numero atomico inferiore, emettono enormi quantità di energia.
- Il calore si propaga per **convezione**. Nel mantello, dove la pressione e la temperatura sono elevate, le rocce sono plastiche e pertanto creano dei moti convettivi, spostandosi sia pur lentamente.

Che cosa sono i minerali?

- I minerali sono sostanze **naturali** (elementi o composti), **solide** e con una composizione chimica definita e costante; si trovano in accumuli **omogenei** più o meno estesi.

Che cos'è il sistema cristallino che caratterizza i minerali?

- La struttura spaziale e ordinata degli atomi dei minerali prende il nome di **reticolo cristallino**, un insieme di strutture elementari aventi forme geometriche semplici ben precise. L'insieme di queste strutture elementari costituisce il **sistema cristallino** o la **struttura cristallina** dei minerali.

Quali sono le proprietà fisiche dei minerali?

- La **densità** (ρ) è il rapporto tra la massa (m) del minerale e il suo volume (V): ρ = m/V e si esprime in kg/dm³ o in g/cm³.
- La **durezza** è la resistenza che il minerale presenta alla scalfittura. Esiste una "scala delle durezze", detta scala di Mohs, che stabilisce dieci gradi di durezza. In base alla durezza, i minerali si distinguono in: **teneri**, usati come lubrificanti; **semiduri**, usati come abrasivi; **duri**, usati per incidere materiali; **durissimi**, usati per tagliare materiali.
- La **sfaldatura** è la proprietà di spaccarsi lungo superfici piane regolari e parallele alle facce del minerale, dette piani di sfaldatura.
- La **tenacità** è la capacità di resistere ad azioni meccaniche, quali gli urti, e dipende dal reticolo cristallino e dai legami atomici. In base alla tenacità un minerale può essere: **fragile**, **malleabile**, **duttile**, **flessibile** o **elastico**.
- La **conducibilità elettrica** è la capacità di propagare la corrente elettrica.
- La **piezoelettricità** è un particolare fenomeno elettrico che presentano alcuni minerali isolanti che, tagliati in lamine sottili e sottoposti a pressione, liberano sulle facce opposte cariche elettriche di segno contrario.

126 Astronomia e Scienze della Terra

- Il **colore** è una caratteristica ottica dei minerali, che possono essere **allocromatici**, se si presentano con una certa varietà di colori, o **idiocromatici**, se hanno sempre uno stesso colore.
- La **lucentezza** è la capacità di riflettere o meno la luce. Si possono distinguere vari tipi di lucentezza: **adamantina**, **cerea**, **vitrea**, **resinosa**, **metallica** e **madreperlacea**.

Che cos'è una roccia?

- Una **roccia** è un aggregato eterogeneo di minerali che costituisce una massa geologicamente indipendente. In base alla loro origine le rocce sono classificate in **magmatiche**, **sedimentarie** e **metamorfiche**.

Quando si parla di roccia magmatica?

- Le **rocce magmatiche**, dette anche **ignee**, sono rocce che si originano dal raffreddamento e dalla successiva solidificazione del magma.
  Il processo di raffreddamento e solidificazione del magma può avvenire nel sottosuolo o in superficie e, in base a ciò, le rocce magmatiche si suddividono in:
  > **rocce intrusive**, se tale processo avviene nel sottosuolo;
  > **rocce effusive**, se avviene in superficie.

Quando si parla di roccia sedimentaria?

- Le **rocce sedimentarie** sono rocce che si originano dal deposito di materiale proveniente da altre rocce che si disgregano e, accumulandosi, sedimentano (si depositano) e cementificano. In base al tipo di sedimentazione si suddividono in tre gruppi:
  > **rocce sedimentarie clastiche**, che derivano dal disgregamento di rocce preesistenti;
  > **rocce sedimentarie chimiche**, che si formano per l'azione chimica dell'acqua;
  > **rocce sedimentarie organogene**, che si formano per la sedimentazione di resti di piccoli organismi acquatici fissati e cementati tra loro da sali di calcio, di magnesio e di silice.

Quando si parla di roccia metamorfica?

- Le **rocce metamorfiche** sono rocce che si originano da quelle magmatiche o sedimentarie (ma anche da altre rocce metamorfiche) che, in particolari condizioni di pressione e di temperatura, subiscono profonde trasformazioni sia nella struttura sia nella composizione.

Che cosa s'intende per ciclo delle rocce?

- Le trasformazioni, causate da una lenta ma costante disgregazione delle rocce, rimodellano incessantemente l'aspetto della superficie terrestre in un continuo ciclo di trasformazione, detto **ciclo delle rocce** o **ciclo litogenetico**.

Qual è la causa del ciclo delle rocce?

- Le continue trasformazioni delle rocce e il conseguente mutamento della superficie terrestre sono il risultato di due tipi di forze naturali: **endogene**, legate all'azione dei vulcani e dei terremoti e ai movimenti della crosta terrestre stessa, ed **esogene**, causate dagli agenti atmosferici e dagli organismi viventi che popolano la Terra. Nel loro insieme agenti atmosferici e organismi viventi determinano **fattori fisici**, **chimici** e **biologici** di demolizione della crosta terrestre, con continui processi di **erosione**, **trasporto** e **sedimentazione** delle rocce che, nel corso degli anni, contribuiscono a cambiare il paesaggio terrestre.

i miei appunti

unità 7 — La Terra: minerali e rocce

ragiona e applica

... le conoscenze

1. Qual è la struttura interna della Terra?
2. Descrivi la crosta terrestre, il mantello e il nucleo.
3. Da dove proviene il calore interno della Terra? Come si propaga?
4. Quali sono gli elementi chimici che prevalentemente costituiscono la crosta terrestre?
5. Completa.
   La crosta terrestre è costituita essenzialmente dalle ....,
   aggregati naturali di materiali che si chiamano ....
6. Che cosa sono i minerali?
7. Che cosa si intende per reticolo cristallino di un minerale?
8. Quando un minerale si dice amorfo?
9. Che cos'è la densità di un minerale?
10. Che cos'è la durezza di un minerale?
11. Che cos'è la scala di Mohs? Descrivila.
12. Quando un minerale si dice allocromatico? E idiocromatico?
13. Che cos'è la lucentezza di un minerale?
14. Che cosa si intende per roccia?
15. Completa le seguenti affermazioni.
    a. Le rocce magmatiche sono rocce la cui origine è ....
    ....
    ....
    b. Le rocce sedimentarie sono rocce che si originano ....
    ....
    ....
    c. Le rocce metamorfiche sono rocce che si originano ....
    ....
    ....

128 Astronomia e Scienze della Terra

16. Quando una roccia magmatica si dice effusiva? E quando intrusiva?

17. Completa. Le rocce sedimentarie si dicono:

　a. clastiche se..
　..

　b. chimiche se ....
　..

　c. organogene se ....
　..

18. Che cosa si intende per ciclo delle rocce?

19. Le continue trasformazioni delle rocce e il conseguente mutamento della superficie terrestre sono il risultato di due tipi di forze naturali. Quali? Descrivile.

... le abilità

20. Riconosci nella figura qui sotto il modello di struttura interna della Terra inserendo i termini richiesti.

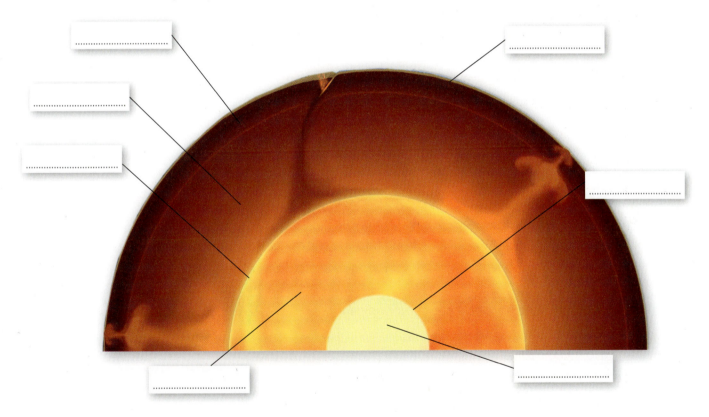

21. Cancella i termini sbagliati (fra quelli scritti in corsivo).
　a. Il quarzo che si rompe facilmente è *fragile/flessibile*.
　b. La mica che si piega facilmente è *malleabile/flessibile*.
　c. Il talco che si piega facilmente ma poi ritorna nella posizione iniziale è *elastico/flessibile*.
　d. Il platino che può essere ridotto in fili sottili è *duttile/elastico*.

22. Rispondi alle seguenti domande.
　a. Se un certo minerale si scalfisce con una punta di acciaio, è duro, tenero, semiduro o durissimo?
　b. Se scalfisce la fluorite ma è a sua volta scalfito dall'ortoclasio che durezza possiede?

129

→ La Terra: minerali e rocce

▼ ragiona e applica

23. Completa la scala di Mohs scrivendo al posto dei puntini i cinque minerali mancanti scegliendoli fra i seguenti: diamante, ortoclasio, fluorite, gesso, topazio.

1. Talco
2. ....
3. Calcite
4. ....
5. Apatite
6. ....
7. Quarzo
8. ....
9. Corindone
10. ....

24. Quali tipi di roccia rappresentano le seguenti figure? Perché?

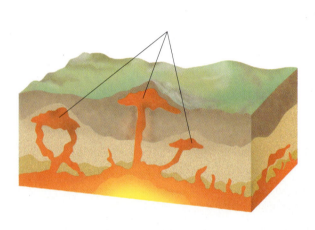

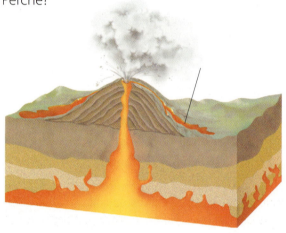

a. ....   b. ....

25. Osserva la figura a lato e segna i completamenti esatti.

1. È una roccia:
   a. sedimentaria clastica.
   b. sedimentaria chimica.
   c. sedimentaria organogena.

2. In particolare è:
   a. un'arenaria.
   b. un tufo vulcanico.
   c. un conglomerato.

26. Osserva lo schema a lato riguardante il ciclo delle rocce e completalo scrivendo i tipi di roccia che si formano e quali forze sono coinvolte.

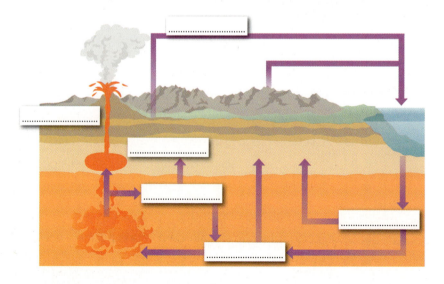

Unità 8

ORIGINE ED EVOLUZIONE DELLA TERRA

Perché ne parliamo?

A questo punto possiamo anche dire di conoscere il nostro pianeta sia esternamente sia internamente.
Ma se qualcuno ti chiedesse com'era al momento della sua formazione nel Sistema Solare, sapresti rispondere?

Pensi, come i nostri antenati, che la Terra fin dall'inizio fosse così come adesso la conosci, o pensi che all'origine fosse diversa e che "qualcosa" l'ha trasformata dandole l'attuale conformazione?

E in questa seconda ipotesi, che come scoprirai è quella esatta, è indispensabile sapere com'era la Terra all'inizio, che cosa l'ha trasformata e come tutto ciò può essere avvenuto.

Quando avrai scoperto che cosa è accaduto, potrai dire che niente e nessuno la potrà ormai più cambiare?
Ti sembrerà strano, ma non è così. La Terra è in continuo cambiamento ancora adesso, anche se noi non ce ne accorgiamo perché il cambiamento è lentissimo e quindi non è percettibile in tempi brevi.

Sarai sicuramente d'accordo che è arrivato il momento di avere precise informazioni su che cosa ha portato la Terra a essere lo speciale pianeta su cui è stato possibile il fenomeno "vita".

Contenuti
- Come si è formata la Terra?
- La tettonica a placche

Prerequisiti
- Conoscere i concetti di temperatura, calore, pressione e densità
- Conoscere gli stati di aggregazione della materia e i cambiamenti di stato

Obiettivi
- Capire come si è formata la Terra
- Spiegare l'attuale conformazione della Terra attraverso le teorie della deriva dei continenti, dell'espansione dei fondali oceanici e della tettonica a placche

→ Origine ed evoluzione della Terra

Come si è formata la Terra?

Circa 5 miliardi di anni fa, come abbiamo visto, nasce il Sole che dà vita al Sistema Solare, dove prendono forma i vari pianeti, compresa la Terra, che accoglierà la vita e compirà un lungo percorso. Seguiamone le varie fasi.

- Dal materiale cosmico della stessa nebulosa da cui era nato il Sole, si forma un primitivo blocco freddo che viene continuamente bombardato da corpi minori che cadono su di esso; ciò causa l'aumento progressivo della sua massa e della sua temperatura.
- La temperatura continua a crescere anche per il decadimento radioattivo di alcuni elementi presenti nel primitivo blocco e, arrivata a circa 1000 °C, provoca la fusione del blocco che diventa un oceano di lava bollente.
- All'interno del globo gli elementi iniziano a stratificarsi: ferro e nichel più densi al centro, i silicati meno densi in superficie e quelli di densità intermedia in mezzo. Idrogeno, elio, ossigeno e azoto, ancora meno densi, sfuggono alla forza di gravità e si disperdono nello spazio formando una primordiale atmosfera.
- 4,6 miliardi di anni fa iniziano i moti convettivi e con essi uno spostamento di calore verso la superficie esterna; ciò dà inizio a un progressivo raffreddamento: la parte superficiale solidifica e forma la crosta terrestre, le molecole di acqua evaporano e formano uno strato di vapore acqueo.
- La temperatura si abbassa ancora, il vapore condensa e cadono così le prime piogge che formano una massa di acqua che riveste tutta la superficie terrestre. Queste acque si raccolgono nei primitivi oceani che lasciano scoperte le prime terre emerse.
- L'atmosfera a questo punto è ancora un insieme di gas irrespirabili (anidride carbonica, metano, azoto); ma in quegli oceani ricchi di elementi si formano le prime molecole che portano alla nascita di alghe fotosintetiche.

Queste alghe arricchiscono l'atmosfera di ossigeno e circa 4 miliardi di anni fa la Terra è ormai simile a quella attuale e accoglie la vita.

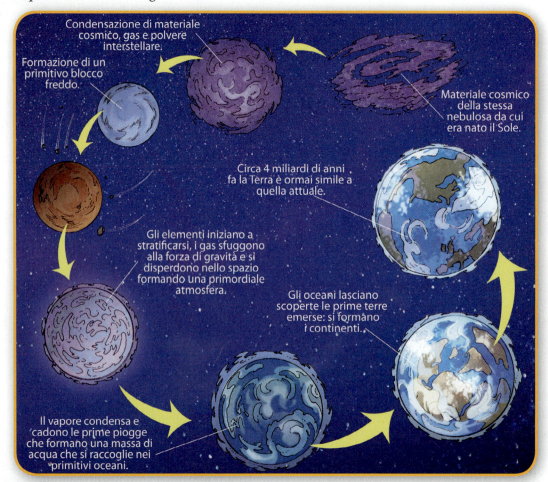

132 Astronomia e Scienze della Terra

4 miliardi di anni fa, sulla Terra, dov'era già comparsa una prima forma di vita, altri fenomeni favoriranno lo sviluppo di forme di vita sempre più complesse che dall'acqua, come vedremo, si propagheranno sulla terraferma. Ma l'aspetto attuale della Terra, con mari, oceani e continenti, come si è determinato?

La deriva dei continenti

Fino a qualche secolo fa si pensava che la Terra avesse assunto subito la sua conformazione attuale, ma già agli inizi dell'Ottocento quest'idea cominciava a vacillare. Il dubbio nasceva dall'osservazione dei planisferi che venivano disegnati in quel periodo.

Foglie fossili ritrovate in diversi continenti.

OSSERVA

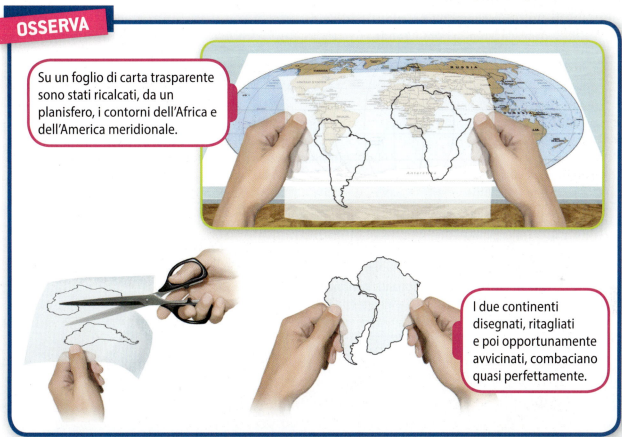

Su un foglio di carta trasparente sono stati ricalcati, da un planisfero, i contorni dell'Africa e dell'America meridionale.

I due continenti disegnati, ritagliati e poi opportunamente avvicinati, combaciano quasi perfettamente.

La corrispondenza dei contorni di due continenti così lontani fra loro e, addirittura, separati da un oceano fa pensare che un tempo potessero essere vicini se non attaccati.

Nel 1912 il fisico tedesco **Alfred Wegener** (1880-1930), con un'osservazione simile a quella che abbiamo appena fatto, formulò la **teoria della deriva dei continenti**: i continenti non sono immobili, ma si muovono gli uni rispetto agli altri "galleggiando come zattere sul mare".

133

unità 8 — Origine ed evoluzione della Terra

Ecco, secondo la teoria di Wegener, che cosa può essere accaduto.

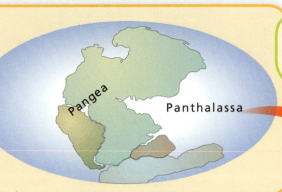

Circa 200 milioni di anni fa le terre emerse erano un unico supercontinente chiamato **Pangea**, circondato da un unico immenso oceano, chiamato **Panthalassa**.

180 milioni di anni fa la Pangea si suddivide in due supercontinenti, **Laurasia e Gondwana**, separati da un unico mare, il **Tetide**.

Questi supercontinenti continuano a smembrarsi e, circa **130 milioni di anni fa**, si delineano i futuri **continenti** e inizia a formarsi l'oceano Atlantico.

64 milioni di anni fa si formano i **continenti** attuali e inizia lo sviluppo del Mediterraneo.

E lentamente si delinea l'attuale distribuzione delle terre e dei mari.

La teoria della deriva dei continenti di Wegener fu accolta con scetticismo, perché Wegener non riuscì a spiegare scientificamente come e perché da quest'unica Pangea si fossero staccati i vari continenti.
A conferma della sua teoria Wegener aveva presentato, infatti, solo alcune prove, fra le quali la prova **paleontologica** e quella **geologica**.

La prova paleontologica

Wegener accumula e mostra fossili di specie identiche di animali e vegetali ritrovati in continenti oggi molto lontani fra loro.

Il *Mesosaurus*, il *Lystrosaurus*, il *Cynognathus* e la *Glossopteris* non si sarebbero potuti diffondere in zone così distanti fra loro e con climi tanto diversi. Solo nella ricostruzione di Wegener essi venivano a trovarsi in zone molto vicine.

La prova geologica

Wegener fa osservare che le rocce che si trovano lungo i margini dei continenti che idealmente s'incastrano sono **geologicamente** identiche.

L'Africa meridionale, per esempio, ha un paesaggio simile al Sud America, con rocce di natura uguale.

Test rapido

- Qual è il percorso che porta alla formazione della Terra?
- Che cos'è la teoria della deriva dei continenti?
- Che cosa è accaduto secondo questa teoria?
- Quali sono le prove che Wegener porta a conferma della sua teoria?

unità 8 La tettonica a placche

Oggi la teoria della **deriva dei continenti**, universalmente accettata, è stata spiegata scientificamente attraverso la **teoria della tettonica a placche**.
Questa teoria si basa sull'osservazione dei fondali oceanici. Grazie alle moderne apparecchiature delle stazioni oceanografiche, oggi conosciamo bene la mappa dei fondali oceanici che ci mostra, come puoi osservare nella cartina, che il fondo degli oceani non è un'immensa "distesa piatta", ma un susseguirsi di montagne, di fosse e di valli, con una conformazione analoga a quella delle terre emerse.

In particolare, sul fondale oceanico si è scoperto un susseguirsi di catene montuose, dette **dorsali medio-oceaniche,** che si snodano lungo la linea che separa i vari continenti. Ogni dorsale è costituita da due catene montuose parallele, separate da faglie trasversali, tra le quali si trova una vera e propria spaccatura del fondo oceanico, in corrispondenza e con lo stesso andamento delle coste delle terre emerse. Da queste spaccature fuoriesce continuamente del magma proveniente dal mantello sottostante. Il magma, giunto in superficie, si raffredda e sospinge lateralmente il materiale già presente, allontanandolo dal centro della dorsale.
Negli oceani si forma quindi nuova crosta terrestre, in altre parole **i fondali oceanici si espandono continuamente**.

Le aree delimitate da queste dorsali, dette **placche** (o **zolle**), sono pertanto in costante movimento in quanto sono formate dalla litosfera rigida che "galleggia" sulla sottostante astenosfera, dove si originano le **correnti convettive** che sono il motore del costante movimento delle placche. Nasce così la **teoria della tettonica a placche** che, confermando la teoria di Wegener, afferma che:

> La litosfera è frammentata in grandi blocchi, detti **placche** o **zolle**, che sono limitati dalle dorsali oceaniche e si muovono l'uno rispetto all'altro trascinando con loro la massa dei continenti.

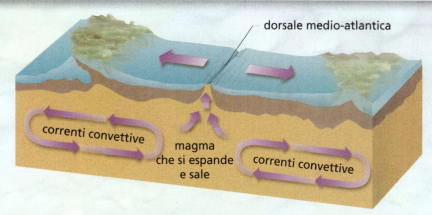

Questo processo, iniziato 200 milioni di anni fa, ha causato la spaccatura della Pangea e quindi il formarsi dei continenti. Questi continenti iniziarono a spostarsi, hanno continuato a spostarsi nel corso dei millenni e continuano tuttora: **i continenti continuano a spostarsi ancora oggi**.

Secondo questa teoria, dunque, le placche sono in lento ma continuo movimento (1-10 cm l'anno) senza causare però accrescimento o distruzione di crosta terrestre; la Terra, infatti, non aumenta di volume.

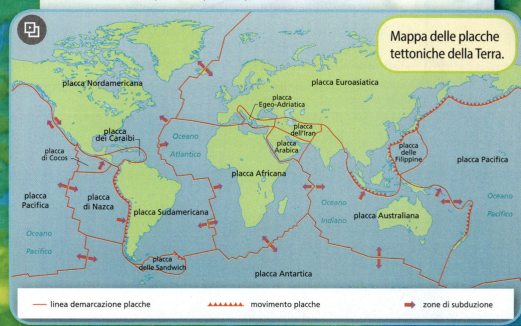

Mappa delle placche tettoniche della Terra.

→ Origine ed evoluzione della Terra

Rendiamoci conto di come ciò accade con una semplice osservazione.

OSSERVA

In una cassetta di legno sono stati inseriti dei bastoncini liberi di muoversi, quindi è stato versato un impasto morbido di acqua e farina, in modo da ricoprire completamente i bastoncini, e il tutto è stato messo a riposo finché non si è formata una crosta leggermente indurita.

Muovendo lentamente i primi due bastoncini il primo verso sinistra e il secondo verso destra, osserviamo che la crosta dell'impasto si divide in due parti che si allontanano tra loro, una verso sinistra e l'altra verso destra, e nella zona in mezzo inizia a risalire dal basso l'impasto interno non ancora indurito.

Ruotando gli ultimi due bastoncini, il secondo verso destra e il terzo verso sinistra, osserviamo che la crosta dell'impasto tende a corrugarsi, accavallandosi e innalzandosi.

I bastoncini, che simulano le correnti convettive, hanno causato lo spaccamento della crosta e la formazione di un rilievo. Un meccanismo analogo provocò milioni di anni fa la spaccatura della Pangea, e ancora oggi determina l'espansione dei fondali oceanici lungo le dorsali e l'allontanamento o l'avvicinamento dei continenti.

Il continuo movimento può portare due placche ad allontanarsi l'una dall'altra, ad avvicinarsi fino a scontrarsi, ad avvicinarsi incuneandosi l'una sotto l'altra o scorrendo orizzontalmente l'una rispetto all'altra. Osserviamo che cosa succede esattamente in questo costante movimento delle placche.

Fumate nere sottomarine.

- **Quando due placche si allontanano**, si crea o si accentua la spaccatura da cui fuoriesce il magma.
  – Se l'allontanamento cessa dopo breve tempo, tra le due placche resta solo una grande frattura, detta **fossa tettonica**, una struttura caratterizzata da ripide pareti a gradinata.

È questo il caso del grande sistema di fratture dell'Africa orientale, detto **Great Rift Valley**, che dal Mar Morto si estende fino ai grandi laghi dell'Africa meridionale.

  – Se invece l'allontanamento continua per lungo tempo, si determina un ampliamento dello spazio fra le due placche e quindi la formazione di un nuovo mare che può diventare un **oceano**, mentre le due placche trascinate dai moti convettivi si allontanano sempre più.

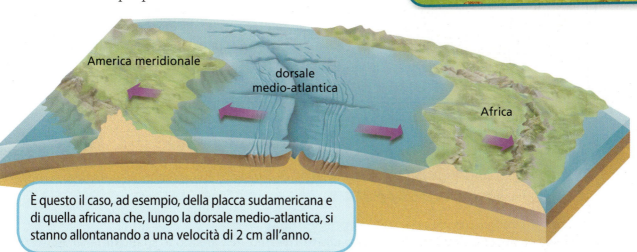

È questo il caso, ad esempio, della placca sudamericana e di quella africana che, lungo la dorsale medio-atlantica, si stanno allontanando a una velocità di 2 cm all'anno.

- **Quando due placche si avvicinano e si scontrano**, possono verificarsi tre fenomeni.
  – Se le placche che si scontrano sono **due placche oceaniche**, una si piega e si incunea sotto l'altra, trascinata dalle correnti del mantello. Questa placca forma di fronte all'altra una fossa oceanica e, scendendo verso zone più profonde e calde del mantello, fonde e diventa magma.

Questo fenomeno, detto **subduzione**, fa sì che parte di questo magma ritorni nel mantello, mentre parte può riemergere dando origine a dei **vulcani** che possono formare un **arco vulcanico insulare**.

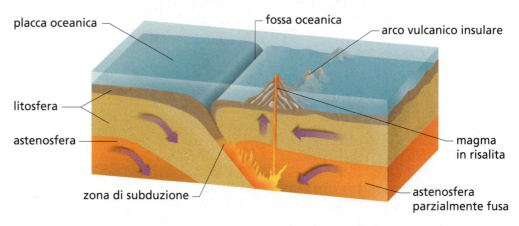

unità 8 → Origine ed evoluzione della Terra

– Se le placche che si scontrano sono **una placca continentale e una placca oceanica**, quest'ultima sprofonda sotto l'altra; i materiali di cui è formata la placca oceanica ritornano nel mantello, fondono e diventano magma.

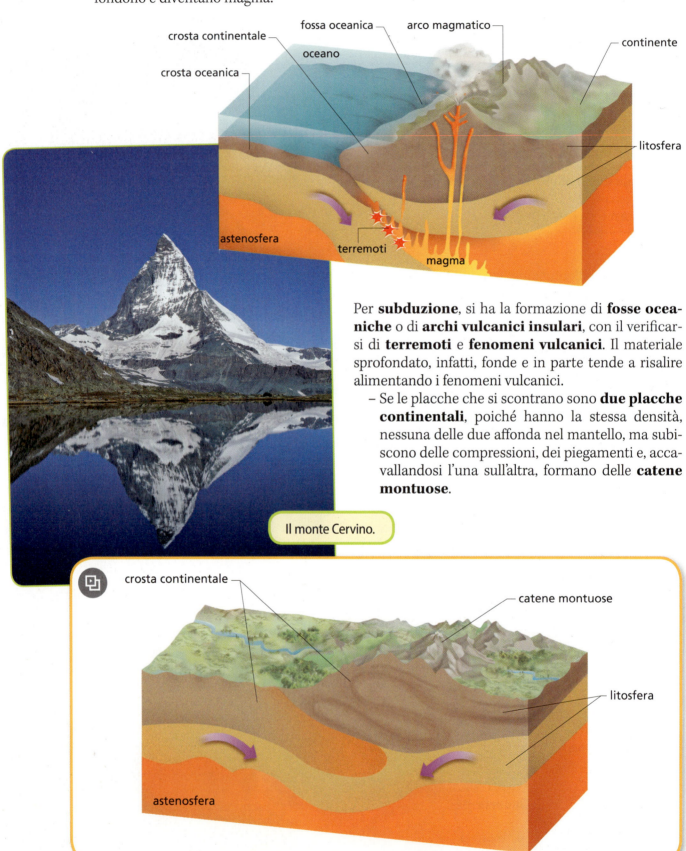

Il monte Cervino.

Per **subduzione**, si ha la formazione di **fosse oceaniche** o di **archi vulcanici insulari**, con il verificarsi di **terremoti** e **fenomeni vulcanici**. Il materiale sprofondato, infatti, fonde e in parte tende a risalire alimentando i fenomeni vulcanici.

– Se le placche che si scontrano sono **due placche continentali**, poiché hanno la stessa densità, nessuna delle due affonda nel mantello, ma subiscono delle compressioni, dei piegamenti e, accavallandosi l'una sull'altra, formano delle **catene montuose**.

Tale fenomeno, detto **orogenesi**, è ad esempio quello che ha dato origine alle nostre Alpi e alla catena dell'Himalaya.

140 Astronomia e Scienze della Terra

- **Quando due placche scorrono l'una accanto all'altra**, lungo la linea di contatto si generano delle fratture, dette **faglie**, che possono provocare violenti terremoti.

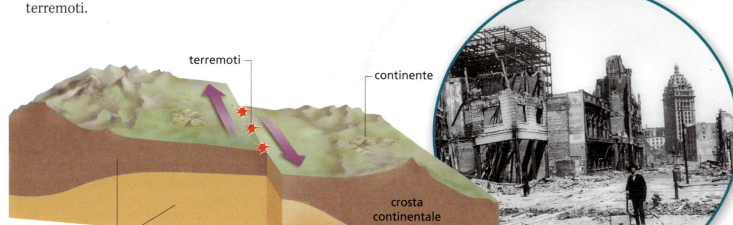

Un esempio è la **faglia di San Andreas** in California, lunga 1300 km, dove la placca pacifica slitta a fianco della placca americana alla velocità di 5 cm all'anno. Questo scorrimento avviene a scatti e ciò può provocare dei terremoti; in occasione del terremoto di San Francisco del 1906 (foto sopra) si constatò che lo spostamento delle due placche era stato di circa 7 metri.

Test rapido

- Che cosa afferma la teoria della tettonica a placche?
- Che cosa succede nel movimento di due placche che si allontanano?
- Che cosa succede nel movimento di due placche che si avvicinano e si scontrano?
- Che cosa succede nel movimento di due placche che scorrono l'una accanto all'altra?
- Quale fenomeno è detto subduzione?
- Quale fenomeno è detto orogenesi?

unità 8 → Origine ed evoluzione della Terra

Come si è formata la Terra?

- Circa 5 miliardi di anni fa, la Terra si origina da un primitivo blocco freddo che, per l'aumento della temperatura, fonde trasformandosi in un globo incandescente. All'interno di questo globo gli elementi iniziano a stratificarsi e 4,6 miliardi di anni fa, con i moti convettivi, inizia un progressivo raffreddamento che porta la parte superficiale a solidificare, formando la crosta terrestre.
Le molecole di acqua evaporano e formano uno strato di vapore acqueo che, con l'ulteriore abbassarsi della temperatura, condensa e causa le prime piogge che formano una massa di acqua che riveste tutta la superficie terrestre. Queste acque si raccolgono infine nei primitivi oceani, che lasciano scoperte le prime terre emerse. L'atmosfera è ancora un insieme di gas irrespirabili, ma in questi oceani nascono le prime alghe fotosintetiche che arricchiscono l'atmosfera di ossigeno. Circa 4 miliardi di anni fa la Terra, ormai simile a quella attuale, accoglie la vita.

Che cosa afferma la teoria della deriva dei continenti?

- I continenti non sono immobili, ma si muovono gli uni rispetto agli altri "galleggiando come zattere sul mare".

Che cosa afferma la teoria dell'espansione dei fondali oceanici?

- Negli oceani si forma nuova crosta terrestre attraverso le **dorsali medio-oceaniche**, ovvero i fondali oceanici si espandono continuamente.

Che cosa afferma la teoria della tettonica a placche?

- La litosfera è frammentata in grandi blocchi, detti **placche** o **zolle**, che sono limitati dalle dorsali oceaniche e si muovono l'uno rispetto all'altro trascinando con loro la massa dei continenti.
Queste placche sono in continuo movimento per azione delle **correnti convettive** che si originano nell'astenosfera.

Che cosa succede nel continuo movimento delle placche?

- **Quando due placche si allontanano**, si crea o si accentua la spaccatura da cui fuoriesce il magma. Se l'allontanamento cessa dopo breve tempo, si forma una **fossa tettonica**; se invece l'allontanamento continua per lungo tempo, si ha la formazione di un nuovo mare, che può diventare un **oceano**.

- **Quando due placche si avvicinano e si scontrano**, possono verificarsi tre fenomeni.
  > Se le placche che si scontrano sono **due placche oceaniche**, una si piega e si incunea sotto l'altra, trascinata dalle correnti del mantello, e si ha il fenomeno della **subduzione** che può dare origine a vulcani o archi vulcanici insulari.
  > Se le placche che si scontrano sono **una placca continentale e una placca oceanica**, quest'ultima sprofonda sotto l'altra e per subduzione si ha la formazione di **fosse oceaniche** o di **archi vulcanici insulari**.
  > Se le placche che si scontrano sono **due placche continentali**, nessuna delle due affonda nel mantello, ma subiscono delle compressioni, dei piegamenti e, accavallandosi l'una sull'altra, determinano il fenomeno dell'**orogenesi** formando delle **catene montuose**.

- **Quando due placche scorrono l'una accanto all'altra**, lungo la linea di contatto si generano delle fratture, dette **faglie**, che possono provocare violenti terremoti.

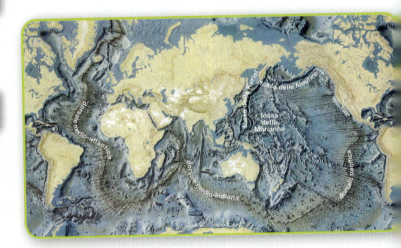

i miei appunti

142 Astronomia e Scienze della Terra

→ Origine ed evoluzione della Terra

ragiona e applica

... le conoscenze

1. Descrivi il percorso che ha portato alla formazione della Terra secondo l'attuale ipotesi scientifica.
2. Esponi la teoria di Wegener.
3. Quali sono le prove che Wegener presenta a sostegno della sua teoria?
4. Che cosa sono le dorsali medio-oceaniche?
5. Che cosa afferma la teoria dell'espansione dei fondali oceanici?
6. Che cosa afferma la teoria della tettonica a placche?
7. Secondo la teoria della tettonica a placche che cosa succede se due placche si allontanano fra loro?
8. Quando due placche si avvicinano e si scontrano, che cosa può succedere?
9. Quando due placche si avvicinano scorrendo l'una accanto all'altra, che cosa può succedere?
10. Che cos'è il fenomeno della subduzione? Quando e in che modo si può verificare?

... le abilità

11. Spiega che cosa, nel processo di formazione della Terra, ha causato i seguenti fenomeni.
    a. La formazione di un primitivo blocco freddo.
    b. La sua trasformazione in un globo incandescente.
    c. La formazione del vapore acqueo che circondava il primitivo pianeta.
    d. La formazione dei primitivi oceani.
    e. La formazione dell'attuale atmosfera.
12. Che cosa rappresenta la figura a lato? Descrivila e commentala.

143

unità 8 → Origine ed evoluzione della Terra — ragiona e applica

13. Che cosa rappresenta la figura a lato? Descrivila e commentala.

....
....
....
....
....

14. Segna il completamento esatto giustificando la risposta. Secondo la teoria dell'espansione dei fondali oceanici:
- **a.** i fondali oceanici si ritirano continuamente;
- **b.** i fondali oceanici si espandono continuamente;
- **c.** i fondali oceanici hanno smesso di espandersi con la spaccatura della Pangea.

15. Segna il completamento esatto. Secondo la teoria della deriva dei continenti:
- **a.** la disposizione dei continenti è sempre stata la stessa;
- **b.** i continenti si sono spostati solo inizialmente;
- **c.** i continenti si muovono ancora adesso.

16. In che senso la teoria della tettonica a zolle conferma e spiega la teoria della deriva dei continenti?

17. Quali fenomeni della crosta terrestre sono schematizzati nelle seguenti figure? Descrivili.

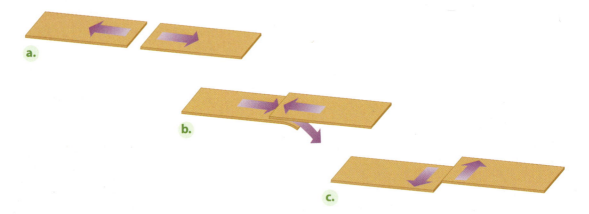

18. La zolla sudamericana e quella africana si stanno allontanando lungo la dorsale medio-atlantica; quale fenomeno ne spiega il motivo?

19. Quale fenomeno spiega la formazione delle Alpi?

20. Che cosa rappresenta la figura a fianco?

....

Perché? ....
....
....

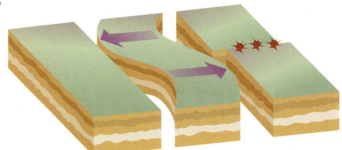

144 Astronomia e Scienze della Terra

Unità 9

VULCANI E TERREMOTI

Perché ne parliamo?

Terremoti, eruzioni vulcaniche, tsunami sono tutti termini che in questi ultimi anni abbiamo sentito parecchie volte.

Avrai visto in televisione l'eruzione del vulcano Eyjafjallajökull che nel maggio del 2010, dopo 200 anni, ha ripreso improvvisamente la sua attività eruttiva e ha paralizzato gli aeroporti con un'immensa coltre di ceneri e fumi.

E avrai ancora negli occhi le immagini del disastro avvenuto in Giappone per il tremendo terremoto dell'11 marzo 2011.

Sai che cosa sono **eruzioni vulcaniche** e **terremoti**?
E da che cosa sono originati?
Sicuramente ne hai capito la pericolosità e ti sarai chiesto se noi, in Italia, corriamo rischi di questo tipo.

Le pagine che seguono ti spiegheranno proprio questi fenomeni impossibili, almeno per il momento, da prevedere; possiamo però imparare alcune regole per difenderci e poterne limitare i danni.

Contenuti
- Vulcani ed eruzioni vulcaniche
- Tipi di vulcani
- Vulcanesimo secondario
- Fenomeni sismici
- Come si valuta un terremoto?

Prerequisiti
- Conoscere la struttura interna della Terra
- Conoscere la teoria della tettonica a placche

Obiettivi
- Conoscere il fenomeno del vulcanesimo e la struttura di un vulcano
- Individuare le relazioni fra attività di un vulcano, tipo di lava e di eruzione
- Individuare le relazioni fra terremoti, vulcanesimo e tettonica a placche

unità 9 Vulcani ed eruzioni vulcaniche

Strettamente legati alla struttura interna della Terra e al movimento delle placche sono due fenomeni naturali, **eruzioni vulcaniche** e **terremoti**, che si manifestano soprattutto nelle aree di confine delle placche, cioè lungo le dorsali medio-oceaniche.
È proprio lungo i margini delle varie placche, infatti, che i movimenti della crosta terrestre sottopongono le rocce a elevate pressioni e possono dar luogo a terremoti ed eruzioni vulcaniche.

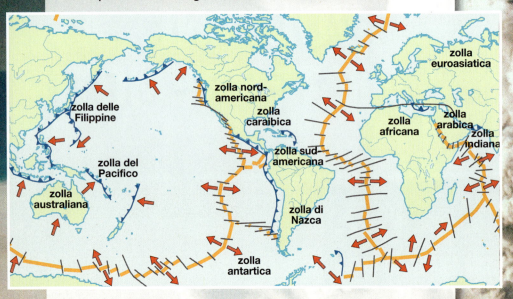

Quando due placche si scontrano, come abbiamo detto, il confine della placca che sprofonda fonde e forma nelle profondità della Terra delle zone di **magma**, un materiale denso e viscoso contenente in massima parte **silice** (SiO_2) mista a **gas** e **vapore acqueo**, a una temperatura compresa tra i 1000-1200 °C.

Questo magma tende a risalire attraverso cunicoli o fratture della crosta terrestre e, dove il magma arriva in superficie e fuoriesce, si ha un **vulcano**.
Durante la fuoriuscita, che determina l'**eruzione vulcanica**, il magma diminuisce di temperatura, disperde nell'atmosfera i gas che contiene e si trasforma in **lava**, un materiale più o meno viscoso, privo di gas e con una temperatura di 600-1200 °C.

I vulcani che presentano la forma del cono vulcanico con un camino centrale, eventualmente ramificato, e con un cratere alla sommità dell'edificio vulcanico da cui fuoriesce la lava sono detti **centrali**.
Ci sono anche vulcani che non presentano questa forma; in essi la lava fuoriesce da fessure della crosta disposte soprattutto lungo le dorsali medio-oceaniche; questi vulcani sono detti **lineari**.

FOCUS SU...

I vulcani sono concentrati, come abbiamo visto, in prossimità delle dorsali oceaniche o lungo i margini delle varie placche. Esistono però anche dei vulcani localizzati proprio all'interno delle placche, in corrispondenza di zone particolari della crosta terrestre dove si determina una risalita del magma. Queste particolari zone sono dette **punti caldi** (*hot spots*). Sono punti caldi (puntini rossi nella mappa sotto) alcune zone in piena area oceanica, come le isole Hawaii nell'Oceano Pacifico, l'isola di Réunion nell'Oceano Indiano e le Canarie nell'Oceano Atlantico, e anche alcune zone in area continentale come l'Africa orientale.

1 cratere:
la bocca da cui fuoriesce il magma; spesso sono presenti anche **crateri secondari** più piccoli;

2 camino:
il condotto attraverso cui il magma fuoriesce; generalmente sono presenti un camino principale e altri **camini secondari** più piccoli;

3 serbatoio o camera magmatica:
la zona più profonda (dai 10 ai 60 km) dove si forma e si raccoglie il magma;

4 lava:
raffreddandosi, dà origine per successive sovrapposizioni all'**edificio vulcanico**, la caratteristica montagna detta anche **cono vulcanico**.

Un **vulcano** è una frattura della crosta terrestre dalla quale fuoriesce il magma sotto forma di lava, determinando un'**eruzione vulcanica**.

unità 9

→ Vulcani e terremoti

Eruzione vulcanica

Durante un'eruzione vulcanica, dal cratere fuoriesce quindi la lava, un materiale più o meno fluido, composto da silicati misti a materiali solidi, detti materiali piroclastici, che possono essere:
- **cenere vulcanica**, frammenti di roccia o lava finissimi simili a sabbia;
- **lapilli**, frammenti più grandi simili a sassolini;
- **bombe vulcaniche**, frammenti di dimensioni ancora più grandi.

Un'eruzione vulcanica presenta generalmente quattro fasi.

1 Fase premonitrice
È caratterizzata da fenomeni che annunciano l'inizio dell'eruzione: terremoti, boati sotterranei, riscaldamento delle acque di sorgente ecc.

2 Fase esplosiva
È caratterizzata dall'apertura o dall'ampliamento del cratere dal quale fuoriesce una densa nube di gas mista a ceneri, lapilli e bombe.

3 Fase di deiezione
È caratterizzata dall'emissione di lava che inizia a scorrere lungo i fianchi del vulcano.

4 Fase di emanazione
È caratterizzata dall'emissione di gas e vapori che indicano la diminuzione o la cessazione dell'attività vulcanica.

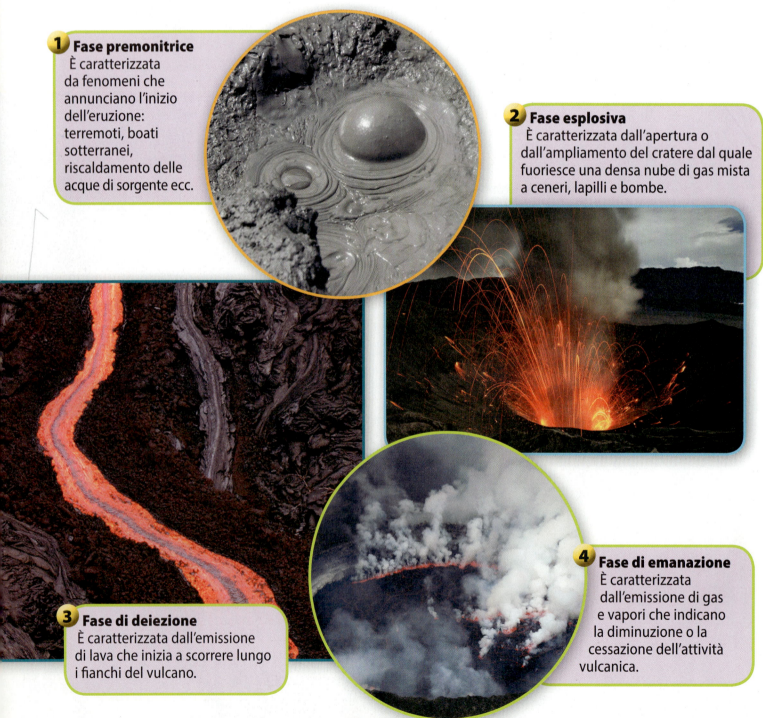

148 Astronomia e Scienze della Terra

Tipi di vulcani

Scienziati si diventa

Una prima differenziazione dei vulcani si ha in base al tipo di magma e quindi di lava eruttata che può essere:
- acida, se contiene più del 60% di silicati, è di consistenza viscosa e scorre lentamente;
- basica, se contiene meno del 50% di silicati, è più fluida e scorre più velocemente;
- neutra, se contiene dal 50% al 60% di silicati e ha caratteristiche intermedie fra quella acida e quella basica.

La composizione chimica della lava influenza direttamente il tipo di eruzione che può essere **effusiva** o **esplosiva**.

- Si ha un'**eruzione effusiva** quando la lava è quasi fluida, per cui i gas del magma si liberano facilmente e la massa di lava trabocca dal cratere in modo tranquillo formando fiumi incandescenti, le **colate laviche**, lungo i fianchi del vulcano. I vulcani con eruzioni effusive, in genere, non sono considerati pericolosi; sono di questo tipo quelli delle isole Hawaii e, in Italia, l'Etna, il più grande vulcano europeo.

- Si ha un'**eruzione esplosiva** quando la lava è viscosa, per cui scorre con difficoltà e tende a formare nel cratere un tappo che ostacola la liberazione dei gas; questi, per uscire, fanno saltare il tappo con devastanti esplosioni che proiettano con violenza lava a brandelli insieme a parti di roccia sbriciolata e ad abbondanti materiali piroclastici in grado, a volte, di sventrare l'edificio vulcanico.
  I vulcani con eruzioni esplosive sono considerati pericolosi; sono di questo tipo il Vesuvio, il Mount St. Helens (USA) e il Grimsvotn in Islanda.

I vulcani possono essere classificati anche in base:
- alla loro attività;
- alla struttura dell'edificio vulcanico.

Eruzione effusiva nelle isole Galapagos, Ecuador.

Nuvola di cenere per l'esplosione di un vulcano.

149

unità 9
→ Vulcani e terremoti

L'Etna (a sinistra) e lo Stromboli (a destra) sono vulcani attivi.

Il Vesuvio è un vulcano quiescente.

Il Crater Lake, nell'Oregon, USA, si è formato per lo sprofondamento di un vulcano.

In **base all'attività** i vulcani possono essere:

- **attivi**, se in essi l'emissione di lava è costante o periodica con eruzioni più o meno violente;
- **quiescenti**, se in essi l'emissione di lava non si presenta da lungo tempo ma, anche se inattivi, hanno un vasto serbatoio magmatico che potrebbe causare un'improvvisa ripresa dell'attività;
- **spenti**, se in essi non c'è più traccia di attività e il loro serbatoio magmatico è esaurito; spesso per lo sprofondamento della sommità del vulcano i crateri sono occupati da laghi.

Astronomia e Scienze della Terra

In base alla **struttura dell'edificio vulcanico**, che dipende dal tipo di lava e di eruzione, un vulcano può essere **a scudo**, **a strati** o **peleano**.

Il Mauna Loa nelle isole Hawaii (a sinistra).
Il Krakatoa in Indonesia (qui sotto).

- I **vulcani a scudo**, detti anche **hawaiani**, sono caratterizzati da eruzioni effusive tranquille. La lava basica è molto fluida e scorre facilmente; l'edificio vulcanico non è elevato, ma piuttosto largo e piatto. Vulcani a scudo sono il Mauna Kea e il Mauna Loa nelle isole Hawaii.
- I **vulcani a strati**, o stratovulcani, sono caratterizzati da eruzioni violente di tipo esplosivo. La lava è acida e viscosa, consolida rapidamente e forma un edificio vulcanico a stratificazioni successive, elevato e piuttosto ripido. Sono stratovulcani il Vesuvio a Napoli, l'Etna in Sicilia, il Fujiyama in Giappone, il Krakatoa in Indonesia.

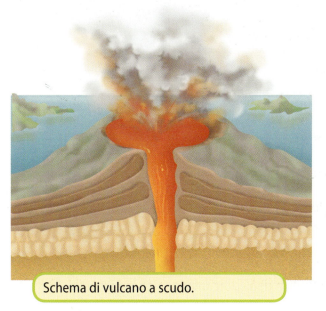

Schema di vulcano a scudo.

Schema di vulcano a strati.

151

unità 9 → Vulcani e terremoti

I **vulcani peleani** sono caratterizzati da eruzioni esplosive catastrofiche. La lava, molto viscosa, solidifica appena uscita dal cratere e ostruisce la via di uscita al magma determinando esplosioni di estrema violenza accompagnate da nubi di gas e cenere, dette **nubi ardenti**, che precipitano velocemente lungo il pendio del vulcano distruggendo tutto ciò che incontrano sul loro cammino. Un esempio è il vulcano La Pelée (da cui il nome peleano) nell'isola di Martinica.

Schema di vulcano peleano.

L'eruzione del vulcano La Pelée del 1902 distrusse la città di Saint Pierre e causò la morte di circa 30 000 abitanti.

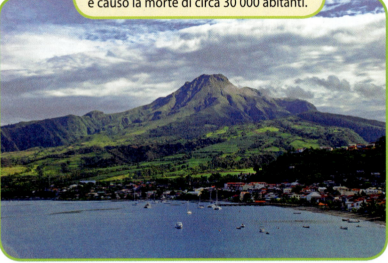

In alto, lava a cuscino; in basso a sinistra, lava a corda; qui sotto, lava a colonna.

FOCUS SU ...

La lava solidificando può assumere varie forme. Esistono, infatti: le **lave a corda** che sono come delle funi attorcigliate le une vicine alle altre; le **lave a cuscino** che hanno un aspetto arrotondato e provengono da eruzioni sottomarine; le **lave a colonna** che hanno la forma di prismi fessurati longitudinalmente.

Rifletti e rispondi

- Come può essere la lava?
- Quando un'eruzione è effusiva e quando esplosiva?
- Come possono essere i vulcani in base all'attività?
- Come possono essere i vulcani in base alla struttura dell'edificio vulcanico?

152 Astronomia e Scienze della Terra

Vulcanesimo secondario

Strettamente legati all'attività vulcanica sono una serie di fenomeni, detti **fenomeni pseudovulcanici** o **vulcanesimo secondario**, quali **fumarole**, **geyser**, **soffioni boraciferi** e **sorgenti termali**. Complessivamente si tratta di emissioni di acqua, vapore acqueo e gas provenienti dal sottosuolo, di solito ad alta temperatura. Si manifestano in zone di vulcani spenti o quiescenti, dove la temperatura della camera magmatica è diminuita e la pressione dei gas è insufficiente per provocare eruzioni di lava, ma è ancora abbastanza elevata da permettere la formazione e l'emissione di vapore acqueo e gas caldi.

Una tipica manifestazione di questi fenomeni sono le **fumarole**, emissioni di vapore acqueo a 100 °C circa che, condensandosi nell'aria, formano colonne di fumo. Se al vapore acqueo è mista anidride carbonica, si parla di **mofete**, se è misto idrogeno solforato, si parla di **solfatare**, se è misto acido solforico, si parla di **putizze**.
In Italia si trovano fumarole nell'isola di Vulcano e solfatare in Campania; famosa è la solfatara di Pozzuoli nei Campi Flegrei, situata nel cratere di un vecchio vulcano.

In senso orario, dall'alto: fumarola nell'isola di Vulcano, Sicilia; putizza nel parco delle Biancane a Monterotondo; solfatara di Pozzuoli.

I **soffioni boraciferi** sono getti continui di vapore acqueo a una temperatura di oltre 200 °C, misto ad acido borico, anidride carbonica, idrogeno solforato e altri gas.
In Italia sono importanti i soffioni boraciferi di Larderello (Toscana), sfruttati per la produzione di energia elettrica nelle centrali geotermiche.

Soffioni boraciferi di Larderello.

unità 9 — Vulcani e terremoti

I **geyser** sono getti di acqua calda alti decine di metri che fuoriescono dal terreno a intervalli di tempo regolari. L'acqua dei geyser contiene spesso in soluzione carbonato di calcio e silicati, che formano depositi intorno alla bocca del geyser.
Si trovano geyser in Islanda, in Nuova Zelanda e negli Stati Uniti, nel parco di Yellowstone.

A sinistra, geyser in Islanda; a lato, geyser nel parco di Yellowstone (USA).

Le **sorgenti termali** sono acque e fanghi caldi che risalgono in superficie dal sottosuolo e sgorgano spontaneamente. Possono derivare dal vapore acqueo presente nel magma che si condensa o dal riscaldamento di acque sotterranee a contatto di rocce calde.
Le sorgenti termali sono sfruttate per la cura di varie disfunzioni perché contengono tipi di sali che hanno proprietà curative. In Italia ci sono molte località con sorgenti termali, tra cui Acqui Terme in Piemonte, dove l'acqua raggiunge una temperatura di oltre 70 °C, e Abano Terme in Veneto con acqua a 87 °C.

Qui in basso, Bagni San Filippo in Val d'Orcia; a sinistra, sorgente sulfurea a Saturnia.

Test rapido

- Che cosa s'intende per vulcanesimo secondario?
- Che cosa sono fumarole, mofete, putizze e solfatare?
- Che cosa sono i soffioni boraciferi?
- Che cosa sono i geyser?
- Che cosa sono le sorgenti termali?

Fenomeni sismici

Sempre lungo i margini delle varie zolle possono aver luogo **terremoti**, detti anche **fenomeni sismici**.
Esaminiamo con quale meccanismo avvengono.

Poiché le zolle sono in movimento, le masse rocciose lungo la linea di confine sono sottoposte a compressioni e stiramenti che tendono a deformarle (se pieghi un bastone di legno lo sottoponi a una deformazione che inizialmente non è osservabile).

Finché queste masse rocciose resistono, accumulano energia potenziale di natura elastica (continuando a piegare il bastone, esso si deforma accumulando energia).

Quando lo sforzo a cui sono sottoposte le masse rocciose supera il **carico di rottura**, esse si spezzano liberando energia meccanica sotto forma di oscillazioni (improvvisamente il bastone si spezza e il tremore che avverti è proprio il rilascio di energia): si ha così un **terremoto**.

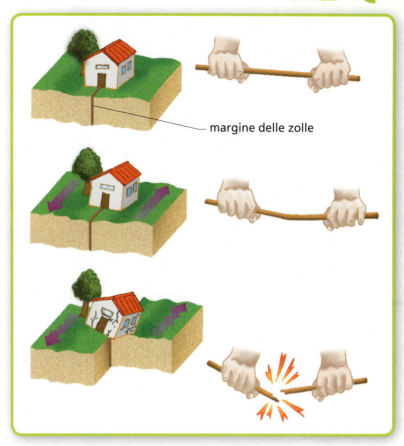

> I **terremoti**, detti anche **fenomeni sismici o tellurici**, sono movimenti più o meno violenti della crosta terrestre.

Secondo la loro origine, i terremoti possono essere:
- **vulcanici**, se strettamente legati alla presenza di un vulcano; spesso sono un avviso dell'imminente ripresa della sua attività;
- **locali**, se originati dal franamento o crollo di cavità sotterranee;
- **tettonici**, i più frequenti, se sono legati al movimento delle zolle.

Il punto in cui si è verificata la frattura della roccia che dà origine al terremoto è detto **ipocentro**.
Da qui il movimento si propaga, attraverso onde, dette **onde sismiche**, che si diffondono in tutte le direzioni, sia verso la superficie sia verso l'interno della Terra.
Il punto della superficie terrestre che si trova verticalmente sopra l'ipocentro è detto **epicentro** ed è la zona in cui il terremoto manifesta la sua massima intensità.

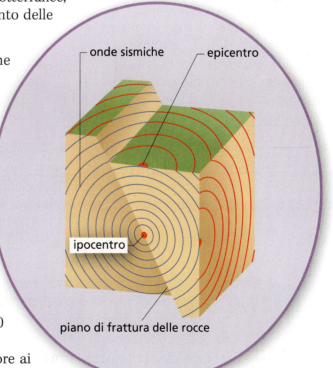

Secondo la profondità dell'ipocentro, un terremoto è detto:
- **superficiale**, se la profondità dell'ipocentro non è superiore ai 60 km;
- **intermedio**, se la profondità dell'ipocentro va dai 70 ai 300 km;
- **profondo**, se la profondità dell'ipocentro è superiore ai 300 km.

→ Vulcani e terremoti

Se l'epicentro è localizzato sul fondale marino, le onde sismiche si propagano nell'acqua formando onde che, avvicinandosi alle coste, possono raggiungere un'altezza di decine e decine di metri, un muro di acqua capace di distruggere villaggi e città; si parla in questo caso di **terremoto sottomarino** o **maremoto**, causa di devastanti **tsunami**.

Conseguenze dello tsunami che ha colpito la regione di Aceh, in Indonesia, nel 2004.

Le onde sismiche

L'energia sprigionata da un terremoto si propaga attraverso onde, dette **onde sismiche**, che sono di tre tipi:

- **onde longitudinali**: sono onde che si propagano a una velocità tra i 5-10 km/s attraverso solidi, liquidi e gas; vibrano nella direzione di propagazione per compressione e dilatazione facendo oscillare le particelle del mezzo che attraversano avanti e indietro; durante un terremoto sono le onde che arrivano per prime (onde **primarie** o **P**);

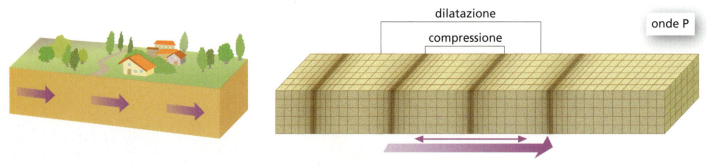

- **onde trasversali**: sono onde che si propagano con vibrazioni perpendicolari a una velocità tra i 4-8 km/s, non attraversano i liquidi e fanno oscillare le particelle del mezzo che attraversano in su e giù; durante un terremoto sono le onde che arrivano per seconde (onde **secondarie** o **S**);

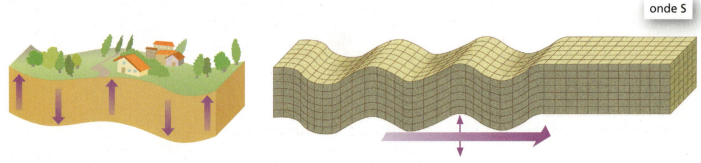

156 Astronomia e Scienze della Terra

- **onde superficiali**: sono onde lunghe che si originano nell'epicentro e si propagano a una velocità di circa 3 km/s solo lungo la superficie provocando i maggiori danni; sono onde lunghe che durante un terremoto arrivano per ultime (onde **terziarie** o **L**).

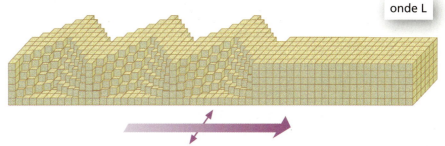

FOCUS SU...

Un terremoto, come abbiamo visto, è il risultato delle compressioni e degli stiramenti a cui sono sottoposte le masse rocciose che, spezzandosi, liberano energia meccanica sotto forma di onde **sismiche**.
La registrazione di queste onde sismiche (P, S, L) viene effettuata con uno strumento particolare, il sismografo.

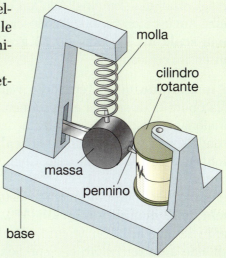

Un sismografo è costituito essenzialmente da una massa sospesa, per mezzo di una molla, a un supporto fissato al suolo. Alla massa è fissato un pennino che scrive su un cilindro di carta che ruota con un movimento regolare e preciso.

Quando si verifica un terremoto, le vibrazioni del terreno si trasferiscono al cilindro di carta, mentre la massa sospesa, per inerzia, tende a restare ferma.
Così il pennino registra le oscillazioni del suolo sulla carta descrivendo un tracciato detto **sismogramma**.

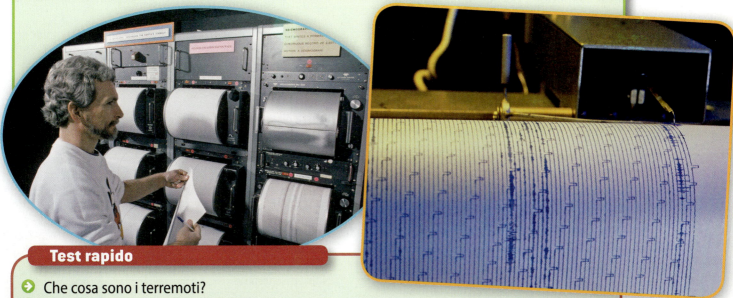

Test rapido

- Che cosa sono i terremoti?
- Che cosa sono epicentro e ipocentro?
- Come possono essere i terremoti secondo la profondità dell'ipocentro?
- Quanti tipi di onde sismiche si possono propagare durante un terremoto?

unità 9 — Vulcani e terremoti

Come si valuta un terremoto?

L'entità di un terremoto viene valutata misurando due diverse grandezze: l'**intensità** e la **magnitudo**.

L'**intensità** valuta i danni arrecati dal terremoto alle persone, alle costruzioni e al territorio, utilizzando la **scala Mercalli** che prende il nome dal sismologo Giuseppe Mercalli (1850-1914) che la ideò nel 1902.
Questa scala, in seguito aggiornata grazie agli studi dei sismologi Adolfo Cancani e August Sieberg, è oggi conosciuta come **scala MCS** e prevede **12 gradi** d'intensità crescente.

La **magnitudo** di un terremoto valuta la quantità di energia effettivamente sprigionata, misurando l'ampiezza delle onde sismiche e utilizzando la **scala Richter**, ideata dal sismologo Charles Richter (1900-1985) nel 1935.
Questa scala, più esattamente detta **scala della magnitudo locale (M_L)**, è suddivisa in **gradi**: la magnitudo 0 corrisponde a un terremoto che sprigiona un'energia di 100 000 J, ciascun valore superiore corrisponde a un terremoto che sprigiona un'energia 30 volte maggiore di quello precedente. Non è previsto un limite superiore, nel senso che potrebbe verificarsi sempre un terremoto di magnitudo superiore a quella registrata fino a quel momento.

Scala Richter

Gradi	Equivalente in esplosione di tritolo (TNT)
0	0,5 kg TNT
1	15 kg TNT
2	500 kg TNT
3	15 tonnellate TNT
4	20 000 tonnellate TNT (bomba atomica di Hiroshima)
5	20 chilotoni TNT
6	6000 chilotoni TNT (bomba all'idrogeno)
7	20 megatoni TNT
8	6 000 000 chilotoni TNT (1000 bombe all'idrogeno)
9	180 000 000 chilotoni TNT

Scala Mercalli-Cancani-Sieberg (MCS)

I	**Scossa strumentale** Percepita solo dai sismografi.
II	**Scossa leggerissima** Avvertita solo dalle persone ipersensibili, che diventano inquiete, e ai piani elevati delle case.
III	**Scossa leggera** Avvertita da un numero maggiore di persone che non si spaventano perché non si rendono conto che si tratta effettivamente di scosse sismiche.
IV	**Scossa mediocre** Avvertita solo dalle persone che sono in casa e da qualcuno all'aperto. I lampadari oscillano, i pavimenti possono scricchiolare.
V	**Scossa forte** Avvertita sia dalle persone in casa sia da quelle fuori casa. Gli oggetti appesi dondolano vistosamente. Gli orologi a pendolo si fermano. Tremano vetri e stoviglie. Si ha il risveglio dal sonno e panico, senza danni alle persone.
VI	**Scossa molto forte** Gli oggetti cadono e così i calcinacci dai muri che vengono lesionati. Panico della gente che abbandona le case.
VII	**Scossa fortissima** Caduta di comignoli e tegole. Lesioni nei muri. Suono di campane.
VIII	**Scossa rovinosa** Lesioni gravi ai fabbricati. Crollo di muri interni. Qualche ferito, raramente vittime.
IX	**Scossa disastrosa** Alcuni crolli di case, edifici gravemente lesionati. Molti feriti, alcune vittime.
X	**Scossa distruttrice** Crollo di molti fabbricati. Molte vittime, numerosi feriti.
XI	**Catastrofe** Quasi tutti gli edifici crollano. Formazione di crepacci e frane. Numerose vittime.
XII	**Grande catastrofe** Distruzione di opere umane di qualsiasi tipo. Sconvolgimento del suolo. Numerosissime vittime.

158 Astronomia e Scienze della Terra

Il valore massimo finora registrato nella scala Richter è quello del terremoto avvenuto in Cile nel 1960: era di magnitudo 9,5, cioè pari a un valore milioni di volte superiore a quello della prima bomba atomica.

Il 26 dicembre 2004 un maremoto di magnitudo 9,1 si è verificato al largo di Sumatra originando uno dei più distruttivi tsunami della storia. L'11 marzo 2011 un terremoto di magnitudo 9 ha sconvolto il Giappone originando un altro distruttivo tsunami.

Terremoto a Port-au-Prince, Haiti, 2010.

Terremoto a Cavezzo, in Emilia, maggio 2012.

Terremoto in Turchia, 23 ottobre 2011.

Test rapido

- Che cosa s'intende per intensità di un terremoto?
- Che cos'è la magnitudo di un terremoto?
- A che cosa serve la scala Mercalli?
- A che cosa serve la scala Richter?

→ Vulcani e terremoti

Sicurezza: che cosa fare se la terra trema?

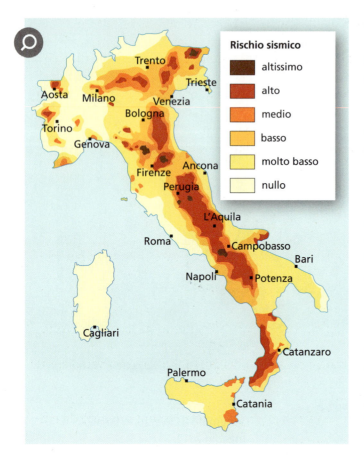

L'Italia si trova in una situazione particolarmente complessa, generata dallo scontro fra la placca africana e quella eurasiatica; ciò ne fa un Paese complessivamente a elevato rischio sismico: l'Italia trema circa 400 volte l'anno!

Nel secolo scorso si sono verificati più di 30000 terremoti, di cui 200 disastrosi.

Nonostante studi e ricerche avanzate, è ancora difficile prevedere un terremoto in tempo utile; i numerosi dati statistici disponibili sui terremoti ci possono dire, infatti, solo qual è la probabilità che un sisma avvenga, ma non quando esso accadrà esattamente.

Talvolta, immediatamente prima di un sisma, si osservano alcuni fenomeni, che sono chiamati **segni premonitori**, quali mutamenti di livello del terreno, piccole oscillazioni, variazioni della temperatura di acque sorgive o di grotte; questi fenomeni possono comunque far solo ritenere prossimo il verificarsi di un sisma.

Pertanto, la miglior forma di difesa consiste nel mettere in atto attività indirizzate a evitare o ridurre al minimo la possibilità che si verifichino ingenti danni in seguito a un terremoto.

Poiché i danni di un terremoto, anche in termini di vite umane, sono causati soprattutto dai crolli degli edifici, la prima difesa è l'**edilizia antisismica**, che mira a realizzare costruzioni dotate di una struttura capace di resistere alle massime scosse prevedibili in una data zona; inoltre essa si occupa anche della tutela delle infrastrutture (vie di comunicazione, vie telefoniche, approvvigionamenti energetici), in modo da rendere possibile l'immediato soccorso alle popolazioni vittime di un terremoto, evitandone l'isolamento.

Sono fondamentali anche l'informazione e l'educazione dei cittadini a un comportamento razionale e ordinato da tenere prima, durante e dopo il terremoto.

Ecco alcune regole che possono aiutarci ad assumere il comportamento più adatto.

Prima del terremoto
- Informarsi presso le autorità locali dell'esistenza di piani di prevenzione e di intervento e conoscerne le modalità di attuazione.
- Controllare se la propria abitazione corrisponde alle normative di costruzione antisismica.
- Verificare che gli interruttori centrali di luce, acqua e gas funzionino, in modo da poterli disattivare in caso di terremoto.
- Assicurarsi che mobili, elettrodomestici e oggetti pesanti siano ben fissati per ridurre il rischio di rovesciamenti.

Durante il terremoto

In casa:
- Ripararsi nei punti più solidi dell'edificio (pareti portanti, vani delle porte, architravi, porte di uscita verso l'esterno) o sotto mobili robusti per difendersi dalla caduta di calcinacci, lampadari o altri oggetti.
- Rimanere lontano da tutto ciò che può cadere (oggetti appesi, vetri ecc.).
- Non sostare su balconi o nei vani delle scale e non usare l'ascensore.
- Evitare di correre senza una meta in una direzione qualsiasi ma seguire, se c'è, il segnale di uscita di emergenza.
- Se il locale dove ci si trova si riempie di polvere, ripararsi la bocca con un fazzoletto o un pezzo di tessuto e tenere chiusi gli occhi.
- Recuperare, se possibile, un maglione, scarpe, una coperta, cibo e acqua.
- Uscire all'esterno solo se ci si trova vicino a una porta che immette in uno spazio ampio e aperto e recarsi nei punti di raccolta.

A scuola:
- Cercare riparo sotto il banco più vicino.
- Mantenere la calma e, appena possibile, lasciare l'edificio.
- Mettere in pratica le istruzioni di sicurezza astenendosi dal compiere operazioni e manovre che non siano di competenza.

All'aperto:
- Se ci si trova in uno spazio aperto lontano da edifici, rimanere fermi e attendere la fine del terremoto.
- Se ci si trova in una strada di città, ripararsi sotto gli architravi dei portoni o dirigersi verso spazi liberi e lontano da edifici e linee elettriche.
- Non ripararsi sotto cornicioni, grondaie e balconi.
- Se ci si trova in automobile, fermarsi e rimanere seduti all'interno del veicolo, lontano però da edifici alti, da ponti o da cavalcavia.
- Non avvicinarsi a cani o altri animali che appaiono spaventati.

161

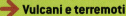
→ Vulcani e terremoti

Dopo il terremoto
In casa:
- Chiudere gli interruttori di luce e gas per evitare incendi.
- Usare le scale e non l'ascensore.
- Non usare il telefono: il sovraccarico delle linee potrebbe ostacolare gli interventi di soccorso.
- Se è necessario segnalare la vostra presenza: anziché gridare, battere sulle tubature dell'acqua o del gas con un oggetto possibilmente metallico. Questi segnali si trasmettono anche a distanze notevoli e sono percepiti meglio dai soccorritori.
- Dirigersi verso i centri di raccolta e di soccorso seguendo gli itinerari segnalati.
- Non rientrare nelle abitazioni se non accompagnati dagli operatori degli enti di soccorso.

A scuola:
- Tralasciare di recuperare qualsiasi oggetto, disporsi in fila e, in modo ordinato, avviarsi verso l'uscita.
- Aiutare i compagni in difficoltà.
- Raggiungere la zona di raccolta assegnata e attendere istruzioni.
- Non rientrare nell'edificio per nessun motivo.

All'aperto:
- Allontanarsi dalle spiagge o dalle coste, perché in seguito a un terremoto si possono formare onde marine di altezza anche notevole, che si riversano su spiagge e coste.

In caso di evacuazione
Se per motivi di prevenzione o di grave pericolosità si deve evacuare la propria abitazione, rinunciare a mettere in salvo qualsiasi bene, lasciare a casa qualsiasi oggetto non necessario, prendendo solo:
- le chiavi di casa; medicinali personali per terapie in corso; coperte, impermeabili e vestiario di ricambio; documenti di identità; radio portatile con pile di riserva; torcia elettrica a batterie; generi alimentari non deperibili; scorta di acqua potabile.

→ Vulcani e terremoti

Che cos'è un vulcano?

- Un **vulcano** è una frattura della crosta terrestre dalla quale fuoriesce il magma sotto forma di lava, determinando un'**eruzione vulcanica**.
  In esso distinguiamo:
  > il **serbatoio** o **camera magmatica** è la zona più profonda (dai 10 ai 60 km) dove si forma e si raccoglie il magma;
  > il **camino** è il condotto attraverso cui il magma fuoriesce; generalmente sono presenti un camino principale e altri camini secondari più piccoli;
  > il **cratere** è la bocca da cui fuoriesce il magma; spesso sono presenti anche **crateri secondari** più piccoli.

Che cosa s'intende per edificio vulcanico?

- L'**edificio vulcanico** è la caratteristica montagna, detta anche **cono vulcanico**, che la lava raffreddandosi origina per successive sovrapposizioni.
- I vulcani che presentano la forma del cono vulcanico, con un camino centrale e con un cratere alla sommità dell'edificio vulcanico da cui fuoriesce la lava, sono detti **centrali**.
- Quelli che non presentano questa forma, ma nei quali la lava fuoriesce da fessure della crosta disposte soprattutto lungo le dorsali medio-oceaniche, sono detti **lineari**.

Che cosa sono magma, lava e materiali piroclastici?

- Il **magma** è un materiale denso e viscoso contenente in massima parte **silice** (SiO_2) mista a **gas** e **vapore acqueo**, a una temperatura compresa tra i 1000-1200 °C.
  Questo magma tende a risalire e, quando fuoriesce, diminuisce di temperatura, disperde i gas che contiene e si trasforma in **lava**, un materiale più o meno viscoso, misto a materiali solidi, detti **materiali piroclastici**, che possono essere:
  > **cenere vulcanica**, frammenti di roccia o lava finissimi simili a sabbia;
  > **lapilli**, frammenti più grandi simili a sassolini;
  > **bombe vulcaniche**, frammenti di dimensioni ancora più grandi.

Quali sono le fasi di un'eruzione vulcanica?

- Un'**eruzione vulcanica** presenta generalmente quattro fasi:
  1. **Fase premonitrice**
     È caratterizzata da fenomeni che annunciano l'inizio dell'eruzione: terremoti, boati sotterranei, riscaldamento delle acque di sorgente ecc.
  2. **Fase esplosiva**
     È caratterizzata dall'apertura o dall'ampliamento del cratere dal quale fuoriesce una densa nube di gas mista a ceneri, lapilli e bombe.
  3. **Fase di deiezione**
     È caratterizzata dall'emissione di lava che inizia a scorrere lungo i fianchi del vulcano.
  4. **Fase di emanazione**
     È caratterizzata dall'emissione di gas e vapori che indica la diminuzione o la cessazione dell'attività vulcanica.

Come può essere la lava?

- La lava può essere:
  > **acida**, se contiene più del 60% di silicati, è di consistenza viscosa e scorre lentamente;
  > **basica**, se contiene meno del 50% di silicati, è più fluida e scorre più velocemente;
  > **neutra**, se contiene dal 50% al 60% di silicati e ha caratteristiche intermedie fra quella acida e quella basica.

Quando un'eruzione è effusiva e quando esplosiva?

- Si ha un'**eruzione effusiva** quando la lava è fluida, per cui i gas del magma si liberano facilmente e la massa di lava trabocca dal cratere in modo tranquillo formando fiumi incandescenti (le colate laviche) lungo i fianchi del vulcano.
- Si ha un'**eruzione esplosiva** quando la lava è viscosa per cui scorre con difficoltà e tende a formare nel cratere un tappo che ostacola la liberazione dei gas; questi, per uscire, fanno saltare il tappo con devastanti esplosioni che proiettano con violenza lava a brandelli insieme a parti di roccia sbriciolata e ad abbondanti materiali piroclastici in grado, a volte, di sventrare l'edificio vulcanico.

unità 9 — Vulcani e terremoti

fissa i concetti chiave

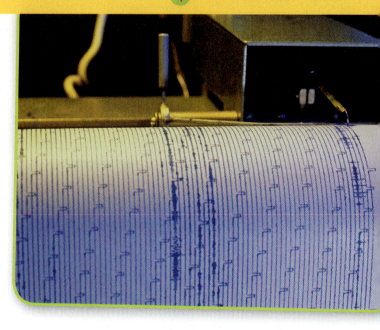

Come può essere un vulcano in base all'attività?

- In **base all'attività** i vulcani possono essere:
  > **attivi**, se in essi l'emissione di lava è costante o periodica con eruzioni più o meno violente;
  > **quiescenti**, se in essi l'emissione di lava non si presenta da lungo tempo ma, anche se inattivi, hanno un vasto serbatoio magmatico che potrebbe causare un'improvvisa ripresa dell'attività;
  > **spenti**, se in essi non c'è più traccia di attività e il loro serbatoio magmatico è esaurito; spesso, per lo sprofondamento della sommità del vulcano, i crateri sono occupati da laghi.

Come può essere un vulcano in base alla struttura dell'edificio vulcanico?

- In **base alla struttura dell'edificio vulcanico**, si distinguono tre tipi di vulcano.
  > I **vulcani a scudo**, detti anche **hawaiani**, sono caratterizzati da eruzioni effusive tranquille. La lava basica è molto fluida e scorre facilmente; l'edificio vulcanico non è elevato, ma piuttosto largo e piatto.
  > I **vulcani a strati**, o **stratovulcani**, sono caratterizzati da eruzioni violente di tipo esplosivo. La lava è acida e viscosa, consolida rapidamente e forma un edificio vulcanico a stratificazioni successive, elevato e piuttosto ripido.
  > I **vulcani peleani** sono caratterizzati da eruzioni esplosive catastrofiche. La lava, molto viscosa, solidifica appena uscita dal cratere e ostruisce la via di uscita al magma, determinando esplosioni di estrema violenza, accompagnate da nubi di gas e cenere, dette **nubi ardenti**, che precipitano velocemente lungo il pendio del vulcano distruggendo tutto ciò che incontrano sul loro cammino.

Che cosa sono i terremoti?

- I terremoti, detti anche fenomeni sismici o tellurici, sono movimenti più o meno violenti della crosta terrestre.
  Secondo la loro origine, i terremoti possono essere:
  > **vulcanici**, se strettamente legati alla presenza di un vulcano; spesso sono un avviso dell'imminente ripresa della sua attività;
  > **locali**, se originati dal franamento o crollo di cavità sotterranee;
  > **tettonici**, i più frequenti, se sono legati al movimento delle zolle.

Che cosa sono epicentro e ipocentro?

- Il punto in cui si è verificata la frattura della roccia che dà origine al terremoto è detto **ipocentro**.
  Il punto della superficie terrestre che si trova verticalmente sopra l'ipocentro è detto **epicentro** ed è la zona in cui il terremoto manifesta la sua massima intensità.
  Secondo la profondità dell'ipocentro, un terremoto è detto:
  > **superficiale**, se la profondità dell'ipocentro non è superiore ai 60 km;
  > **intermedio**, se la profondità dell'ipocentro va dai 70 ai 300 km;
  > **profondo**, se la profondità dell'ipocentro è superiore ai 300 km.

Come si valuta un terremoto?

- L'entità di un terremoto viene valutata misurando due diverse grandezze: l'**intensità** e la **magnitudo**.
  > L'**intensità** valuta i danni arrecati dal terremoto alle persone, alle costruzioni e al territorio, utilizzando la **scala Mercalli** che prevede **12 gradi** d'intensità crescente.
  > La **magnitudo** di un terremoto valuta la quantità di energia effettivamente sprigionata, misurando l'ampiezza delle onde sismiche utilizzando la **scala Richter**.

i miei appunti

164 Astronomia e Scienze della Terra

unità 9 → Vulcani e terremoti

ragiona e applica

... le conoscenze

1. Che cos'è un vulcano?
2. Che cos'è l'edificio vulcanico? Descrivi le parti principali che lo costituiscono.
3. Quando un vulcano si dice centrale e quando lineare?
4. Che cos'è il magma?
5. Che cos'è la lava e da che cosa è composta prevalentemente?
6. Che cosa si intende per materiali piroclastici?
7. Quali sono le fasi di un'eruzione vulcanica? Descrivile.
8. Come si distinguono i vulcani in rapporto alla loro attività?
9. Quanti tipi di lava ci sono e che cosa li caratterizza? Completa.

   a. ...., se contiene ....
      è .... e ....

   b. ...., se contiene ....
      è .... e ....

   c. ...., se contiene ....
      e ha ....

10. Quando un'eruzione si dice esplosiva? E quando effusiva?
11. Completa.

    a. Un vulcano a scudo è caratterizzato ....

    b. Uno stratovulcano è caratterizzato ....

    c. Un vulcano di tipo peleano è caratterizzato ....

12. Che cosa si intende per fenomeni pseudovulcanici? Quali sono? Descrivili.
13. Che cos'è un terremoto?

→ Vulcani e terremoti   ▼ ragiona e applica

14. Completa. I terremoti, secondo la loro origine, possono essere:

a. .... se sono originati ....
....

b. .... se sono originati ....
....

c. .... se sono originati ....
....

15. Che cos'è l'ipocentro di un terremoto?

16. Segna il completamento esatto. L'epicentro di un terremoto è il luogo della superficie terrestre:
a. che si trova verticalmente sotto l'ipocentro;
b. che si trova verticalmente sopra l'ipocentro;
c. che si trova orizzontalmente vicino all'ipocentro.

17. Segna il completamento esatto. L'intensità di un terremoto è tanto maggiore:
a. quanto più si è lontani dall'epicentro;
b. quanto più l'ipocentro è vicino alla superficie;
c. quanto più si è vicini all'epicentro.

18. Completa. Secondo la profondità dell'ipocentro, un terremoto può essere:

a. .... se ....
....

b. .... se ....
....

c. .... se ....
....

19. Come si propaga l'energia sprigionata da un terremoto?

20. Quanti e quali tipi di onde sismiche si originano durante un terremoto? Descrivili.

21. Che cosa sono intensità e magnitudo di un terremoto?

22. Che cosa sono la scala Mercalli e la scala Richter? Qual è la loro differenza?

... le abilità

23. Osserva lo schema di vulcano e individua quanto richiesto.

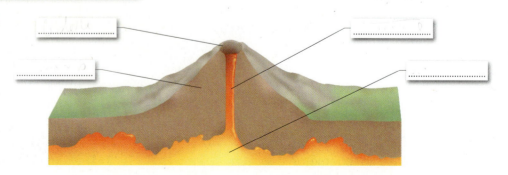

24. Osserva le due figure e stabilisci quale rappresenta un'eruzione effusiva e quale un'eruzione esplosiva.

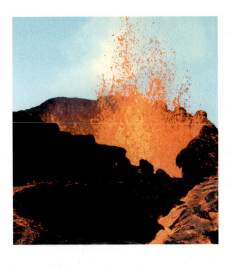 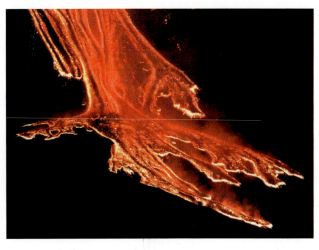

a. .... b. ....

25. Che tipi di vulcano sono rappresentati nelle seguenti figure? Da quale tipo di magma hanno avuto origine? Perché?

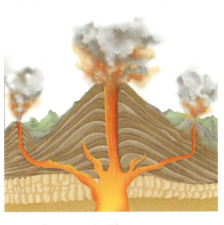 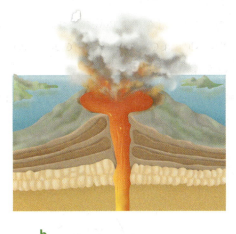

a. .... b. ....

26. Per quale motivo fenomeni sismici ed eruzioni vulcaniche sono legati alla struttura interna della Terra e al movimento delle zolle?

27. Nella figura sotto indica, spiegandone il motivo, le zone nelle quali puoi ipotizzare la presenza di fenomeni sismici e vulcanici.

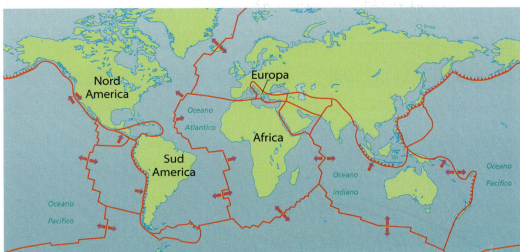

→ Vulcani e terremoti

▼ ragiona e applica

28. Individua nella figura a fianco l'epicentro e l'ipocentro del terremoto.

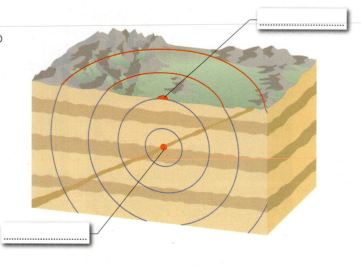

29. Che tipo di terremoto possono rappresentare le seguenti figure? Perché?

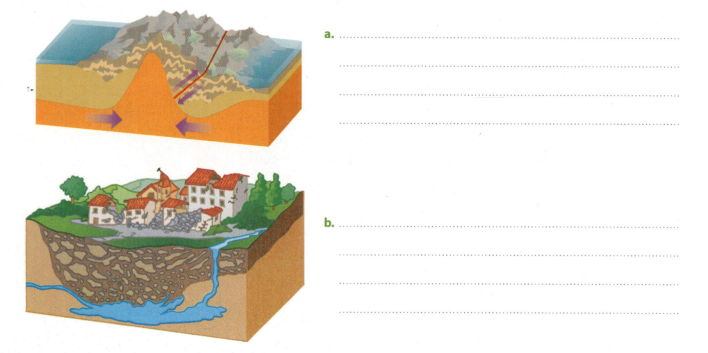

a. ....
....
....
....

b. ....
....
....
....

30. Individua nelle seguenti figure i tre tipi di onde sismiche.

a. ....
....

b. ....
....

c. ....
....

168 Astronomia e Scienze della Terra